ᶮ

Das Buch

Berthe Arlo erzählt in *Nachts wach* in tagebuchartigen
Erzählungen von der Realität des Sterbens, von der Überfor-
derung der Pflegenden – und auch von der Unverschämtheit
mancher Heimbewohner. Sie lässt kein Tabu aus: Einerseits
ist es die ungeschönte, geradezu brutal geschilderte Realität,
andererseits ein oft poetischer Text, manches hat einen sur-
realen Touch, und man denkt unwillkürlich an Dostojewskis
Aussage, dass nichts fantastischer sei als die Wirklichkeit.
Man möchte das nicht lesen, und doch kann man nicht mehr
aufhören: Könnte es meinen Eltern auch einmal so gehen,
oder mir selbst?

Die Autorin

Berthe Arlo wurde in den 1940er Jahren in Berlin geboren.
Sie arbeitete in den unterschiedlichsten Jobs zum Geldverdienen, unter anderem war sie neunzehn Jahre lang in einem
Altersheim im Nachtdienst als Pflegehelferin tätig, von Mitte
der 1980er bis Mitte der Nuller-Jahre. „Mich beschäftigen
die Probleme alter Menschen und die stetige, unaufhaltsame
Veränderung der Welt, in der wir leben."

Berthe Arlo

Nachts wach

Mit einem Interview
zur Pflegesituation heute

VIELE KLEINE LEUTE
AN VIELEN KLEINEN ORTEN,
DIE VIELE KLEINE DINGE TUN,
KÖNNEN DAS GESICHT DIESER WELT VERÄNDERN.

Sprichwort der Xhosa, Südafrika

Im Altersheim, in der Nacht

Zwei Nachtwachen für über achtzig Bewohner.

Zusätzlich auf die Klingel gehen im angegliederten Wohnheim.

Dabei lauern die Gefahren gerade im Dunkel der Nacht.

Denn alte und auf Pflege angewiesene oder demente Menschen befinden sich in der gleichen schutzbedürftigen Lage wie kleine Kinder.

Ganz besonders in der Nacht können sie Gefahren nicht einschätzen, verlaufen sich, verletzen sich, ängstigen sich und was der Dinge mehr sind.

Auf Gedeih und Verderb sind die alten Menschen denen, die sie pflegen, ausgeliefert und auf fremde Hilfe angewiesen.

Dabei ist jede Nachtwache in jeder Nacht auf sich allein gestellt. Denn jeder Nachtwache wird in jeder Nacht eine Verantwortung aufgebürdet, die sie eigentlich überhaupt nicht tragen kann.

Dank an alle Menschen, die im Nachtdienst arbeiten, dafür, dass sie
diese Zustände ertragen und aushalten,
oft ihre Pausen opfern und eigenen Befindlichkeiten hintenanstellen,
bei aller Überbelastung, versuchen, wenigstens ein klein wenig menschliche Nähe und Zuwendung den Menschen gegenüber zu zeigen, die ihnen anvertraut sind.

In folgenden Texten sind nur die baulichen Gegebenheiten und die Namen geändert. Sonst ist nichts ausgedacht, erfunden oder fantasiert.

Lady

Nein, Frau Brahms wollte nicht ins Altersheim, auch wenn sich dies Seniorenheim nannte.

Allerdings hatte sie gegen ein Kurhotel nichts einzuwenden.

Also verkauften ihre Angehörigen ihr das ganz gewöhnliche Altersheim als ein sehr vornehmes Kurhotel.

In diesem weilt sie nun schon einige Jahre.

Pflegepersonal? Nie gehört.

Das sind doch die Dienstboten von Frau Brahms.

Sie ist eine Lady, hat Allüren wie ein Opernstar.

Und die lebt sie mit Vorliebe in der Nacht aus.

Lang, dürr, immer in bodenlange weiße oder geblümte Nachthemden gewandet, lustwandelt sie durch die Nachtstunden.

Sie spricht ein gepflegtes Hochdeutsch.

Drückt sich sehr gewählt aus, wenn sie sich denn überhaupt dazu herablässt, das Wort an ihre Lakaien zu richten.

Auf ihre feinen Angehörigen sind die Nachtwachen stocksauer.

Sie brauchen ja nachts auch nicht den Zimmerservice zu machen.

Das sollten die sich mal ansehen!

Hin und her und her und hin durchmisst Lady Brahms ihr Gelass.

Und immer trägt sie dabei ihr geliebtes Fotoalbum im roten Ledereinband unter dem Arm.

Wenn ihr Nachthemd schon eingenässt ist, zieht sie es selbst aus und pfeffert es irgendwo hin.

Meistens unter ihr Bett.

Dann trägt sie nichts mehr an ihrem dürren Leib als das Netzhöschen.

Wenn die Nachtwachen viel Glück haben noch mit der Einlage drin.

Wenn sie Pech haben, läuft alles, was diese Einlage eigentlich aufhalten sollte, schon an ihren Beinen herunter, tropft auf den falschen Perserteppich, der einen Teil des Fußbodens bedeckt. Aber auf diesen Teppich bestehen die Angehörigen, wegen der „Wohnlichkeit".

Bald wird er stinken wie die Pest.

Aus diesen Gründen muss wenigstens eine der Nachtwachen bei jedem der drei Rundgänge nach ihrer Einlage sehen. Leider. Ansonsten könnte man sie einfach in Ruhe lassen.

Sie begrüßt sie dann jedes Mal ganz ladylike:

„Ich hatte aber nicht nach Ihnen geläutet. Wer gibt Ihnen das Recht, bei mir einzudringen? Ich muss Sie leider bitten, wieder zu gehen."

Wahr und wahrhaftig. So sind ihre Worte.

Manchmal zerreißt es die Nachtwache fast vor Lachen.

Aber die Lady möchte nun in ebenso wohlgesetzten Worten zu ihrem Bett geleitet werden.

Denn sie weilt ja hier zur Kur.

Kapriziös ist sie, aber umgänglich.

Normalerweise.

Allerdings kann sie manchmal auch sehr ungnädig sein.

In den meisten Nächten können sich die Nachtwachen aufteilen, eine geht zu ihr und die andere kann schon ins nächste Zimmer.

Als Karena wieder einmal Nachtdienst hat, findet sie Frau Brahms in ihrem mit dunkelgrünem Samt bezogenen Lieblingssessel sitzend.

Dieser samtbezogene Sessel ist nicht wirklich ideal für sie. Er ist schon ganz fleckig.

Ihr Nachthemd hat die Lady zwar noch an, aber von züchtig bekleidet kann keine Rede sein.

Das Nachthemd steht bis zum Bauchnabel auf und das, was von ihrem Busen noch übrig ist, liegt blank und bloß. Darüber baumelt eine doppelreihige Perlenkette.

Sie hat ihre gesamte Schmuckschatulle geplündert.

An sämtlichen Fingern funkeln Ringe.

Ihre Armbänder und Armreifen klirren sacht, während sie in ihrem Fotoalbum blättert.

Ganz elegant, die kleinen Finger rechts und links abgespreizt.

Alle Lichter sind angeschaltet.

Nachttischlampe, Stehlampe und Deckenbeleuchtung.

Letztere ist in jedem Zimmer normalerweise eine Korblampe.

Aber bei ihr hängt, wie könnte es auch anders sein, ein Kronleuchter.

Der strahlt und glitzert mit seinen Kristallfacetten über dieser Idylle.

Sie kann sitzen bleiben. Sie trägt ihre Einlage noch und diese ist offenbar nicht eingenässt.

Spätestens beim Morgenrundgang muss die Einlage gewechselt werden. Das geht nur zu zweit.

Die Nachtwachen bitten sie mit ausgesuchtester Höflichkeit, die nasse Tena gegen eine trockene eintauschen zu dürfen.

„Tena? Was ist das? Davon hab ich ja noch nie in meinem ganzen Leben gehört!"

Wie viel Zeit das kostet, und manchmal muss bei ihr auch zwei- bis dreimal am Tag gewechselt werden. Und falls sie diese bereits von sich geschleudert hat, heißt es, die Lady waschen, Bett beziehen und Fußboden wischen.

Eigentlich sollte sie die Prozedur nach all den Jahren kennen.

„Aber, Frau Brahms. Zu Ihrer eigenen Sicherheit tragen Sie in der Nacht eine Einlage. Sie selbst mögen es doch am allerwenigsten, wenn Ihr Bett nass wird."

„Mein Bett ist nie nass. Und ich trage nie und nimmer eine Einlage. Eine Unverschämtheit ist das, so was zu behaupten!"

„Liebe Frau Brahms. Bitte. Lassen Sie uns doch jetzt mal nachsehen. Bestimmt ist die Tena jetzt nass und wenn wir sie nicht wechseln, werden Sie wund. Das ist nicht gut. Bitte stehen Sie doch eben mal auf. Das geht doch ganz schnell!"

Die Nachtwachen reden auf sie ein.

Zu lang Nässe auf der Haut zu haben, macht eben wund und das gibt nichts als Ärger.

Jetzt trotz Zeitdruck auf keinen Fall nervös werden.

Die Stimmen keine Nuance anheben, sonst rastet die Lady aus. Dann geht überhaupt nichts mehr.

Mit Engelszungen reden die Nachtwachen, helfen ihr vom Sessel auf, schlagen das Nachthemd hoch.

Schwer und tropfnass hängt die Einlage in der Netzhose.

„Sehen Sie mal, Frau Brahms, wie nötig das jetzt ist, Ihre Einlage zu wechseln, so nass wie sie ist. Bitte noch nicht setzen. Bitte bleiben Sie stehen. Sofort. Sofort sind wir fertig."

In weiser Voraussicht hat eine der Nachtwachen die trockene Tena schon in der Hand.

Frau Brahms ist das alles lästig:

„Ich? Nass? Woher denn? Ich habe keine Einlage. Ich weiß von keiner Einlage. Ich werde mich beim Kurdirektor beschweren. Sie sind eine Zumutung. Beide. Und verrückt noch dazu!"

Sie schimpft lauthals, schlägt um sich und tritt.

Aber die Nachtwachen sind in Übung und fix.

Nasse Tena aus, trockene an, Netzhose hoch, Nachthemd runter.

Und sie sind froh, dass Frau Brahms nicht auch noch Stuhlgang gehabt hat.

Schon sitzt sie wieder unter dem strahlenden Kronleuchter in ihrem Sessel.

Puterrot im Gesicht vor Ärger.

„So was habe ich ja noch nie erlebt. Niemals!"

Sie erlebt jede Nacht die gleiche Prozedur.

So langsam müsste sie sich doch daran gewöhnt haben.

Nein.

Jetzt geht die Schimpferei erst richtig los.

„Sie sind eine ganz unverschämte Person. Und Sie auch. Noch dazu sind Sie alle beide vollkommen irrsinnig. Reden von nassen Einlagen. Behaupten, ich hätte so eine. Das geht zu weit. Das verbitte ich mir. Wo ist denn hier eine Einlage, die nass ist?"

Wie sie sich wieder ereifert.

Keine Nachtwache macht das zum Spaß oder etwa aus dem Grund, sie ärgern zu wollen.

Sie zeigen ihr die klatschnasse Einlage.

Der Zellstoff darin löst sich schon langsam auf und sackt nach unten. Gleich wird die Tena anfangen zu tropfen.

„Das da? Das ist nicht von mir. Von mir ist das nicht."

„Ach, Frau Brahms. Von wem denn sonst. Ist ja auch gar nicht schlimm. Ist ja alles schon vorbei. Bitte. Regen Sie sich doch bitte nicht so auf."

Sie starrt die nasse Einlage an, starrt die Nachtwachen an.

Erfahrungsgemäß ist sie jetzt ohne ein Riesentheater nicht mehr ins Bett zu kriegen.

Soll sie eben im Sessel sitzen bleiben.

Das Zimmer ist warm, Hausschuhe hat sie auch angezogen.

Mit einem tiefen Seufzer greift Frau Brahms nach ihrem geliebten Fotoalbum.

Sie legt es sich auf den Schoß, schlägt es auf, die Armreifen klirren sacht.

Sie schaut die zwei Nachtwachen an:

„Das mag ja wohl alles so sein, wie Sie sagen. Mich interessiert das aber nicht. Das interessiert mich nicht im Geringsten. Und somit können Sie sich jetzt entfernen."

Sie macht eine gnädige Handbewegung in Richtung Tür.

Die beiden sind entlassen.

Der Kronleuchter funkelt in der Morgendämmerung.

Die Ringe werfen kleine Blitze.

Die Perlenkette schimmert.

Als wäre nichts gewesen, schlägt sie langsam Seite für Seite in ihrem Album um.

So leise es nur geht, ziehen die Nachtwachen die Zimmertür zu.

Kobold

Unter zerzausten pechschwarzen Strubbelhaaren lugen kohlrabenschwarze ängstliche Mäuseäuglein in diese Welt, die er wahrscheinlich gar nicht richtig begreift.

So wenig, wie wir wahrscheinlich sein gesamtes Weltbild begreifen, das die allerwinzigste Kleinigkeit erschüttern kann. Herr Weise ist ein richtiger kleiner Kobold, aber nicht immer ein lustiger.

Von null auf hundert regt er sich auf, wenn die Tasse, aus der er seinen Frühstückstee trinkt, eine andere ist als die übliche aus dem Hausgeschirr, wenn es zum Mittagessen etwas gibt, das ihm ganz und gar nicht schmeckt, wenn ihm im Flur jemand auf der Seite, auf der er gerade geht, entgegenkommt, wenn im Speisesaal beim Essen laut gelacht wird, wenn ihn einer schief anguckt (wie er meint!) oder wenn er gerade dann angesprochen wird, wenn er nicht angesprochen werden will. Solcherlei Ereignisse bringen diesen merkwürdigen kleinen Mann fast um den Verstand. Er gerät vollkommen aus der Fassung.

Er ist dann beleidigt, total aufgeregt und isst kein Abendbrot. Und natürlich kann er auch nicht schlafen.

Er rennt in seinem Zimmer hin und her und klingelt nach den Nachtwachen, aus dem einzigen Grund, dass er ihnen sein Problem von A bis Z und ganz ausführlich schildern kann.

Da Herr Weise Sozialhilfeempfänger ist, hat sein Träger ihn irgendwann mal aus seinem Einzelzimmer in ein billigeres Doppelzimmer verlegen wollen. Zum Glück geschah das nie.

Jede Nacht sind die Fenster geschlossen, ist die Heizung aufgedreht und die Tür zweimal abgeschlossen. Das zweimalige Verriegeln hat folgenden Grund:

In einer längst vergangenen Nacht kam ein völlig verhuschtes, uraltes Frauchen in sein Zimmer gewackelt und setzte sich mit der größten Selbstverständlichkeit in seinen geheiligten Sessel am Fenster und er saß in seinem Bett und schrie die Arme an:

„Hau ab! Hau ab! Hau bloß ab, du alte Hexe!"

Völlig unbeeindruckt von seinem Brüllen wankte und wich das Frauchen aber nicht, sie war ja stocktaub und so klingelte er Sturm.

Am Bett, im Bad, am Tisch, alle drei Klingeln drückte er.

Seither hat er panische Angst vor möglichen nächtlichen Besucherinnen.

Die Nachtwachen schauen dreimal in der Nacht bei ihm rein, aber die kennt er ja.

Nur wehe, eine vergisst zweimal abzuschließen. Na, da ist dann was los!

Einmal beschwerte er sich beim Tagdienst aufs Heftigste über Rajani. Dabei hatte sie nichts anderes getan, als in einer glutheißen Sommernacht den Rollladen in seiner stickigen Gruft hochzuziehen und das Fenster aufzureißen. Denn Herr Weise saß am Morgen um fünf Uhr klatschnass geschwitzt in seinem Sessel. Der Schweiß tropfte von seinen Strubbelhaaren, die wie ein Heiligenschein um seinen Kopf standen und Rajani rubbelte ihn erst mal trocken, danach bugsierte sie ihn in sein Bett und deckte ihn wegen der Hitze nur mit einem Laken zu.

Aber er hat einen regelrechten Aufstand beim Tagdienst veranstaltet: Er könne ins Bett gehen, wann er wolle. Rajani habe in der Nacht überhaupt nicht zu bestimmen, ob überhaupt oder wann. Das lasse er sich nicht gefallen.

Dabei hat er die Rechnung ohne Rajani gemacht. Die hört sich seine Beschwerden über sie wortlos an. Baut sich in der nächsten Nacht vor ihm auf und spricht ganz ruhig:

„Mein lieber Herr Weise. Sie haben sich über mich beschwert. Und mir kann es im Prinzip auch egal sein, ob Sie im Stockdunkeln in Ihrem glutheißen Zimmer nassgeschwitzt im Sessel sitzen und nicht schlafen können. Ich hab damit kein Problem. Ich dachte nur, es sei für S i e besser, trocken und luftig im Bett zu liegen und noch ein wenig Schlaf zu bekommen. Wenn Sie aber glauben, sich deshalb über mich beschweren zu müssen, wissen Sie, dann lasse ich es das nächste Mal einfach sein."

Spricht's, dreht sich um und will gehen.

Aber das ist Herrn Weise nun auch wieder nicht recht.

Ganz kleinlaut und verlegen will er am liebsten gar nichts mehr von seiner Beschwerde beim Tagdienst wissen, begleitet Rajani bis zur Tür und schließt selbst zweimal ab.

Und – Rajani ist seither sein erklärter Liebling!

In einer Nacht, als Nele und Karena Dienst haben, geschieht etwas, das sie so leicht nicht vergessen werden. Als sie in das Zimmer von Herrn Weise schauen, erschrecken sie sich fast zu Tode über die blutigen Fußspuren auf dem Boden und darüber, dass Herr Weise nicht in seinem im Bett liegt. Er sitzt, inzwischen mit Hausschuhen an den Füßen, auf der Toilette und guckt ganz verdattert, weil sie plötzlich vor ihm stehen.

Wo blutet er denn und wieso?

Das muss irgendwo an seinen Füßen sein.

Unter Protest ziehen sie ihm die Hausschuhe aus.

Wie sich schnell herausstellt, hat er sich am Fußrücken gekratzt und unglücklicherweise eine dicke Ader getroffen. In Windeseile legen die Nachtwachen ihm einen Druckverband an.

Überall der metallische Geruch nach Blut. Im Hausschuh des verletzten Fußes steht das Blut wie in Aschenbrödels Schuh und fängt an zu klumpen.

Ja, warum um alles in der Welt hat er denn nicht nach ihnen geklingelt?

Karena und Nele putzen den Fußboden, weichen den blutigen Hausschuh in einem Eimer ein und stellen ihn in die Dusche. Im Schrank finden sie glücklicherweise ein zweites Paar Hausschuhe, das sie vor sein Bett stellen. Ihre einzige Sorge ist nur, dass er seinen Druckverband abreißt.

Eine halbe Stunde später, wer klingelt?

Herr Weise, oh je.

Da gehen sie am besten gleich zu zweit.

Sie schließen sein Zimmer auf, und als sie Licht machen, liegt er auf dem Rücken im Bett und starrt stumm an die Zimmerdecke, mit einem Ruck wirft er sich über den Bettrand und starrt unter sein Bett:

„Hier war jemand. Wer war hier? Unter meinem Bett liegen jetzt zwei Pfund Bohnenkaffee."

Nichts blutig, der Druckverband ist noch dran. Was hat er denn? Er gibt keine Ruhe, regt sich wie üblich wahnsinnig auf. Wahrscheinlich ist er zur Toilette gegangen und hat seine alten Hausschuhe gesucht und dabei die anderen unters Bett geschubst. Karena beugt sich herunter und angelt danach.

Nele holt den Eimer mit dem eingeweichten blutigen alten Schuh.

Na, hoffentlich merkt er sich das alles und lässt weiter den Verband dran.

Jedenfalls verspricht er es.

Aber er wundert sich:

„Warum sagt mir denn keiner, dass wir einen Wasserschaden haben? Aber würden Sie bitte trotzdem die zwei Pfund Bohnenkaffee unter meinem Bett entfernen!"

Nele und Karena können sich kaum das Lachen verkneifen.

Karena sagt:

„Schon geschehen, Herr Weise."

Sie stellt seine leichten Pantoffeln wieder vors Bett, genau in seine Blickrichtung. Wenn er seine Nachttischlampe anlässt, kann gar nichts schiefgehen.

Auch das verspricht er, legt sich wieder auf den Rücken, zieht seine Bettdecke hoch bis zur Nasenspitze und sagt:

„Zweimal abschließen. Dieser Bohnenkaffee. Von selbst rennt der ja nicht unter mein Bett …"

Auf seine Weise ist er ein liebenswerter kleiner Kobold.

Geduld

Silvia ist bekannt für ihre Engelsgeduld.

Nichts kann sie so leicht aus der Ruhe bringen. Immer ist sie zu einem Scherz aufgelegt.

Aber heute Abend sitzt sie müde und erschöpft im Dienstzimmer, hat die aufgeklappte Pflegedokumentation vor sich liegen, starrt stumm hinein.

Der Spätdienst liegt hinter ihr und sie muss für die Nachtwachen die Übergabe machen.

Alle Bewohner sind schon zu Bett gebracht und ausnahmsweise ist es mal ganz ruhig in der Wohngruppe. Alles sollte eigentlich okay sein.

Da schaut Silvia hoch, schaut alle, die um den Tisch herum sitzen wortlos an. Langsam füllen sich ihre Augen mit Tränen und plötzlich sprudeln die Worte aus ihr heraus:

„Ich weiß nicht, wenn das hier so weitergeht, … ich glaube, ich hör auf. Ich muss hier aufhören. Es ist ja nicht die Arbeit. Ich kann wirklich hart arbeiten. Ich arbeite ja auch gerne hier. Aber wenn jeder Bewohner mich nur noch anmeckert, beschimpft und nach mir schlägt, mich kratzt, zwickt und beißt, mich an den Haaren zieht, … ich kann das nicht mehr. Ich bin doch hier, um zu helfen. Die Leute können es ja nicht mehr allein. Bekommen doch gar nichts mehr gebacken. Ich will ihnen doch ganz einfach nur helfen. Da bin ich die Frau Korn am Waschen und gleich brüllt sie los: ‚Lass mich doch gehn! Was willst du denn von mir? Lass mich in Ruhe, du blöde Sau, du Dreckmensch.' Ihr wisst ja, wie sie schimpft. Und dann schlägt sie, boxt, tritt nach mir und wirft das frische Nachthemd ins Klo, wo ausgerechnet blöderweise der Deckel nicht zugeklappt ist. Dann komm ich zur Frau Heide. Ich will ihr für die Nacht das Gebiss herausnehmen, um es in die Kuki-Dose zu legen. Da beißt sie mir mit ihren falschen Zähnen in die Hand und schreit: ‚Eine Unverschämtheit ist das, Sie grobes Weib! Zerren Sie nicht so an mir herum. Sie sind ja verrückt.‘ Dabei war ich wirklich vorsichtig. Blitzschnell reißt sie an meinen Haaren, verdammt noch mal, das hat vielleicht geziept, mir sind die Tränen gekommen. Und von der anderen Seite quatscht mir gerade die Frau Liese das Ohr ab. Schon wieder hat sie all ihre Schränke ausgeräumt, alles auf den Fußboden geworfen und fragt mich, warum ich das gemacht hab? Ich halte ihr die Nachtmedikamente hin und sie hat nichts Besseres zu tun, als reinzuspucken, und dann beschwert sie sich wütend, dass sie das nicht nehmen will, weil da jemand hineingespuckt hat. Nimmt es dann doch, und ich freue mich schon, in dem Moment spuckt sie mir das ganze Zeug ins Gesicht. Hinter mir kommt der Herr Stein derart leise ins Zimmer geschlichen, dass ich das gar nicht merke. Er ist auf dem besten Wege, Frau Liese eine zu schmieren, weil sie so unglaublich laut plärrt, ich solle endlich ihre Sachen in den Schrank räumen. Ich kann gerade noch seine Hand festhalten. Daraufhin boxt er mir in die Rippen, haut auf meine ohnehin schon lädierte Schulter, dass ich fast zusammenbreche. Egal wie, ich muss weitermachen. Ich rufe mir den Wolfgang zu Hilfe. Herrn Wieck kann ich nicht alleine machen, so einen schweren, steifen Brocken, wie er einer ist. Ich versorge ihn schon mal, soweit ich ohne Hilfe komme, und sage zu ihm: ‚Ach Herr Wieck, bitte krallen Sie sich doch nicht so am Bett

fest, lassen Sie doch los, helfen Sie doch ein wenig mit, wir wollen Sie doch nur lagern.' Da krallt er sich auch noch mit der anderen Hand fest. Wolfgang und ich mühen uns ab, da lässt er plötzlich das Bett los, haut mir mit der Faust auf den Arm und schreit: ‚Halt's Maul, du blöde Kuh, du alte.' Da könnte ich wirklich ausrasten. Das kann sich keiner vorstellen, der hier nicht arbeitet. Sie glauben das nicht mal, selbst wenn ich es ihnen erzähle. Aber ihr kennt das ja selbst. Nur. Ich kann das nicht mehr. Ich pack das nicht mehr. Wenn das immer so weitergeht, immer schlimmer wird, … dabei habe ich doch schon genug Nerven gelassen am Nachmittag. Herr Krag ist im Garten über eine Bank gestolpert und in die Büsche gedonnert, hat sich zum Glück nichts getan, ist ja weich gefallen. Aber bis ich den hochgehievt hatte! Inzwischen hatte sich Frau Best mit dem Herrn Müller so richtig gezankt. Er hat sie bei den Schultern gepackt und geschüttelt, also musste ich die beiden Kampfhähne trennen. Frau Diehl, Frau Greb, alle, alle schwätzen auf einen ein, brummen, schreien oder brüllen sich gegenseitig an, … das halte ich nicht mehr aus. Ich will doch wirklich nur freundlich sein, hilfsbereit, zu jedem. Keiner ist mal ein bisschen nett oder einfach ganz normal, keiner der wenigstens nur ein einziges Mal ‚Danke' sagt. Immer nur aggressiv. Ach, … Mensch. Ich weiß auch nicht. Hilft ja alles nichts. Entschuldigung."
Ein verzweifelter, hilfloser Monolog.

Jeder, der um den Tisch sitzt, kennt solche Tage oder Nächte. Stumm legt Wolfgang den Arm um Silvias Schulter.

Sie wischt sich schnell über die Augen, putzt sich die Nase und zieht entschlossen die Pflegedokumentation zu sich heran.

Dann macht sie mit fester Stimme die übliche gründliche Übergabe für jeden einzelnen Bewohner.

Despot

Nomen est omen.

Er ist Altenpfleger und sein Nachname ist König.

Christoph ist sein Vorname, aber gnädig ließ er sich dazu herab zu sagen:

„Ihr könnt mich Chris nennen. Für alle meine Freunde bin ich nur der Chris."

Er ist schon ziemlich lange da und sitzt fest im Sattel.

Mit seiner keinen Widerspruch duldenden Art hat er es in kürzester Zeit zum Wohngruppenleiter im dritten Stock gebracht, hier herrscht er über Bewohner, Personal und sogar die Ärzte fressen ihm aus der Hand.

Was er sagt, hat Gewicht. Wo es nur geht, lässt er den Kompetenten heraushängen.

Der dritte Stock ist sein Reich, hier regiert er seine Kolleginnen und Kollegen.

Und nicht nur das.

Seine Art, die Dinge und die Menschen zu sehen, steckt offenbar an.

Einige seiner Mitarbeiter wollen offenbar seine kleinen Kronprinzen und Kronprinzessinnen sein. Unerträglich, wie sie sich bei ihm einschleimen.

Im ganzen Haus gehen die Augenpaare gen Himmel, wenn sein Name fällt, der aber selten genannt wird. Er heißt bei allen nur „Doc" oder „Prof" und niemand mag seine selbstherrliche Art und schon gar nicht seine haarsträubenden Anordnungen.

Wie er mit seinen altbackenen Bonmots nerven kann.

Die Nachtdienstler kommen zur Übergabe in „sein" Dienstzimmer und er empfängt sie mit:

„Na. Heute Nacht ohne Spesen nix gewesen. Oder etwa doch?" Sehr witzig.

Er betritt die Szene jeden Morgen wie einer, der den totalen Durchblick hat.

„Was könnt ihr alle mir schon erzählen. Bevor ihr nur den Mund aufmacht, gibt es nichts, was ich nicht schon vorher noch besser weiß", gibt er allen zu verstehen.

Stämmig ist er, seitlich gescheiteltes Haar, Menjoubärtchen über der Oberlippe, runde Brillengläser, sieht aus wie ein Oberlehrer Ende vorvoriges Jahrhundert.

Niemals erhebt er mahnend den Zeigefinger, und trotzdem macht es den Anschein, als tue er nichts anderes.

Ob die Nachtwachen jetzt wohl endlich mal zu ihrer Übergabe kommen?

Der Frühstückskaffee brodelt bereits in der Kaffeemaschine und duftet herrlich, Herr König hebt erwartungsvoll die Augenbrauen.

Schnell haben die Nachtwachen die Bewohner durch, zuletzt bleibt nur noch von Frau Hortek zu berichten und mit ihr ist das so eine Sache!

Kaum hat der Arzt ihr einen Blasenkatheter gelegt, passiert immer das Gleiche:

Sie muss rechts und links gelagert werden und hat deshalb jeweils ein Kissen im Rücken und eins zwischen den Beinen.

Weil sie aber weder rechts noch links gerne liegt, hat sie jede Nacht, die ihr der liebe Gott gibt, nichts Eiligeres zu tun, als so schnell als möglich diese Kissen wegzuschieben, um wieder in ihrer Lieblingslage platt auf dem Rücken zu liegen. Bei dieser unruhigen Rumrutscherei erwischt sie manchmal den Katheterschlauch. Meistens kommen die Nachtwachen früh genug, um ihn ordnungsgemäß zu ziehen, bevor sie sich selbst verletzen kann. Sie bekommt dann eine Klebewindel angelegt. In diesem Fall besteht akut die Gefahr einer Hautirritation. Doch ohne Lagerung werden ihre Beine immer krummer. Das ist wie bei der Katze, die sich selbst in den Schwanz beißt.

Aber.

Nun hat Herr König in seiner Herrlichkeit verfügt, dass überhaupt kein Katheter mehr gelegt wird. Bei ihrem pausenlosen Herumgezappel bekommt sie für die Nacht eine Klebewindel.

Basta.

Mit hochgezogenen Augenbrauen spricht er zu den Nachtwachen: „So. Na denn. Frau Hortek, Frau Hortek. Mein Gott. Sie will eben unentwegt auf dem Rücken liegen. Dann bekommt sie halt wieder einen roten Po. Sie trinkt nicht bei euch in der Nacht? Na. Dann müssen wir das eben am Tag versuchen. Wenn. Ja, wenn wir dafür Zeit finden. Ihre Beine werden immer krummer, das andere jetzt auch? Ich weiß, ich weiß. Deswegen ist sie ja auch schon ewig am Jammern. Das hört ihr ja nicht mehr, ihr geht. Aber ich. Kaum komm ich am Morgen zum Dienst."

„Ja ja, kann sein, aber heute Nacht hatte Frau Hortek doch wieder einen Blasenkatheter. Ihre Angehörigen haben den Arzt bestellt und er hat einen gelegt, weil sie von den Klebewindeln schon wieder wahnsinnig wund ist. Trotz lagern, trotz öfter wechseln, trotz eincremen in einem fort. Prompt hat sie bei ihrer Rumwurstelei wieder den Schlauch vom Katheter in der Hand und da haben wir den vorsorglich gezogen, bevor sie weiter daran herumzerrt und sich selbst auch noch verletzt. Jetzt hat sie dann doch wieder eine Klebewindel an. Was sollen wir denn sonst machen? Wie soll das denn jetzt weitergehen?"

Also, die Augenbrauen von Herrn König wandern noch höher.

Das hört er jetzt gar nicht gerne.

Da werden seine Anordnungen einfach von den Angehörigen ignoriert!

„Immer dieses Getue mit dem Katheter, das ist doch nun wirklich …"

Er hebt an, eine salbungsvolle Rede an die Nachtwachen zu halten:

„Nun. So ist das eben mit unserer Frau Hortek. Wenn sie nicht will, dann will sie eben nicht. Ich kann sie ja auch zu nichts zwingen. Außerdem kostet das viel zu viel Zeit. Und gerade die haben wir in meiner Wohngruppe nicht. Bei diesem Personalschlüssel können wir uns nicht stundenlang mit Frau Hortek beschäftigen. Unmöglich. Auf den Rücken will sie? Dann bleibt sie eben auf dem Rücken liegen. Trinken will sie nicht? Dann trinkt sie eben nicht. Ich kann mich nicht zerteilen. Soll ich mich etwa neben ihr Bett setzen?"

Wie alle längst registriert haben, ist sein wichtigstes Wort PFLEGENOTSTAND, damit entschuldigt er seine ganze haarsträubende Bequemlichkeit.

Im Grunde ist dieser Herr König nichts anderes als nur unglaublich faul.

Wo er delegieren kann, delegiert er.

Wo er sich drücken kann, drückt er sich.

Alles ist ihm zu viel.

Fragt sich doch, warum er überhaupt Altenpfleger geworden ist.

14 Tage später ist der ganze Spuk vorbei und Herr König für immer von der Bildfläche verschwunden.

Wie ist das passiert?

Wie ging das zu?

Wer hat das fertiggebracht?

Keiner weiß was.

Möglicherweise haben sich Bewohner beschwert, solche, die noch für sich selbst sprechen können, vielleicht Verwandte von Bewohnern?

Gerade mit denen hat er sich immer gerne angelegt.

Wie auch immer, endlich ist „Doc/Prof" weg und ein Aufatmen geht durchs Haus.

Verblüfft und schön blöd dran sind nur seine Kronprinzen und Kronprinzessinen.

Aber die werden ihr Fähnchen schon wieder nach dem nächsten Wind hängen, der da ganz bestimmt kommen wird.

Sorgenfrei

Im Sommer eine Stechmückenburg.

Im Winter ein Eiskeller.

Völlig egal zu welcher Jahreszeit, das große Fenster im Zimmer von Frau Buch ist in jeder Nacht sperrangelweit offen.

„Luft brauche ich. Freiheit. Das Vogelzwitschern muss ich hören, den Wind und den Regen!"

Mit dieser Einstellung ist sie schon 92 Jahre alt geworden.

Was für eine vergnügte alte Dame sie doch ist.

Nur ihre Beine wollen nicht mehr so recht und deswegen nimmt sie für ihre ausgedehnten Entdeckungsreisen rund um das Altersheim lieber den Rollstuhl.

Wenn es nicht gerade Backsteine regnet, kann sie nichts davon abhalten, deshalb ist ihr Gesicht wettergegerbt und fast ziegelrot.

Sehr selten nimmt sie Hilfe an, nur wenn es gar nicht anders geht.

Sie hat den Ehrgeiz, alles noch alleine hinzukriegen.

Auch in der Nacht.

Trotzdem hat sie sich ausbedungen, dass die Nachtwachen bei jedem Rundgang bei ihr hereinschauen, man weiß ja nie.

Für die ist dieses Hereingucken eine wunderbare Ablenkung.

Manchmal treffen sie Frau Buch auf ihrem mühsamen Weg von oder zur Toilette an.

Dann steht sie da in ihrem wadenlangen weißen Nachthemd und strahlt übers ganze rote Hutzeläpfelchengesicht.

Nachtwachen leiden unter chronischem Zeitmangel, trotzdem ist bei ihr immer ein kleiner Plausch angesagt, mal länger, mal kurz, ach ja.

Sie ist eine der wenigen, mit der man überhaupt noch einen kleinen Schwatz machen kann.

Selten drückt sie auch mal die Klingel.

In den meisten Fällen wegen irgendeiner Frage, die sie um den Schlaf bringt:

„Wie hieß der doch gleich? Ach, jetzt sagt mir doch mal. Steinalt ist er geworden, viel älter als ich. Über den ist längst Gras gewachsen. Einen Zylinder hatte der auf und immer einen weißen Schal um und dann sang er immer was mit MAXIM, wo er oft hingeht. Ewig hatte er es mit den Damen, Gott, wie hieß er denn? Ich komm nicht drauf! Und wenn ich den Namen nicht weiß, kann ich nicht schlafen! Jesses. Aber wahrscheinlich seid ihr viel zu jung und wisst gar nicht, wen ich meine ..."

Da sagt eine der Nachtwachen:

„Johannes Heesters vielleicht?"

Oh ja.

Ein Freudenschrei. Sie wirft die Arme hoch.

Sich selbst mit Vehemenz zurück aufs Bett.

Sie kann sich nicht einkriegen vor lauter Freude und kramt überglücklich in ihrer Nachttischschublade nach Stift und Zettel.

Dann wird unter dem Stichwort MAXIM der Name vermerkt.

Ihre Schublade quillt über von solchen Merkzetteln.

Jetzt kann sie endlich den Rest der Nacht beruhigt schlafen.

Vor dem Fenster zwitschern im Morgengrauen schon die Vögel.

Sie betont immer wieder, dass diese Jahre hier im Haus die glücklichsten ihres Lebens sind.

„Kann ich es denn besser haben? Um nichts muss ich mich mehr kümmern, um gar nichts. Hab rund um die Uhr Menschen, die sich um m i c h kümmern, vom Morgen bis zum Abend und sogar in der Nacht. Hab mein Essen. Mein Bett. Meinen Fernseher. Alles, was ich brauche auf dieser Welt, das hab ich ja schon. Wisst ihr, wie schön das Leben ist? Ihr wisst es nicht. Ihr seid alle noch zu jung, um genauso sorglos sein zu können wie ich."

Sie hat sich von der Praktikantin neulich ein Pappschild malen lassen.

Jeder Buchstabe sollte eine andere Farbe haben.

Sehr groß sollten sie sein.

Ob sie das Schild an ihrer Zimmertür befestigen dürfe, wenn es fertig ist?

Natürlich darf sie.

Und jetzt prangen da die Worte:

S A N S S O U C I S

Nicht nur zu ihrem eigenen Vergnügen.

Zum Vergnügen aller, die an dieser Tür vorbeilaufen.

Exquisit

Manche sagen ja, er sei ein gut aussehender Mann.
Da kann man unterschiedlicher Meinung sein, nur eins steht fest:
Pfarrer Eberhard hat den ungewöhnlichsten Wandschmuck im ganzen Haus.
Neben dem unvermeidlichen Kruzifix, das die Wand ziert, an der sein Bett steht, hängt ein Riesenölgemälde vom Matterhorn.
Das Ganze ist umgeben von Bergsteiger-Gerätschaften, als da sind Steigeisen, Pickel, Seil usw. Die Stirnseite wird ebenfalls von einem Ölgemälde eingenommen, ein fast lebensgroßes Madonnenbild, „Meine Jungfrau Maria".
Er ist ein drahtiger, zierlicher Mann mit grau meliertem Lockenkopf.
Naturgegeben sind diese Locken allerdings nicht. Dazu gibt es eine wunderbare Geschichte:

Eines Tages war der Pfarrer spurlos verschwunden.
Überall wurde nach ihm gesucht, aber er blieb unauffindbar.
Er hatte zu niemandem etwas gesagt.
Keine Menschenseele hatte ihn aus dem Haus gehen sehen.
Er war ganz einfach weg.
Entdeckt wurde sein Fehlen erst um 15 Uhr, als er seinen geliebten Nachmittagskaffee mit dem üblichen Stückchen Kuchen erhalten sollte, auf den er jeden Tag voll Ungeduld wartete.

Das Haus stand Kopf, alle waren in heller Aufregung.
Überall wurde herumgefragt, die Umgebung abgesucht.
Auch im benachbarten Supermarkt, den er oft und gerne
besuchte, steckte er nicht.
Nirgendwo eine Spur von Pfarrer Eberhard.
Der erschien so gegen 18 Uhr pünktlich zum Abendessen.
Er entstieg einem Taxi.
Frisch gelockt und äußerst fröhlich.

Und was war geschehen?
Nach dem Mittagessen hatte er sich ein Taxi zur nächsten
Straßenecke bestellt.
So schlau war er schon, dass er es nicht am Haupteingang
hatte halten lassen.
Er fuhr damit in die nächste Stadt zum Friseur im Haupt-
bahnhof.
Dort verpassten sie ihm seine Dauerwelle, servierten ihm
einen Kaffee und bestellten ihm dann sein Taxi für die Rück-
fahrt, diesmal hielt es am Haupteingang des Altersheims.
Alles in allem musste ihn diese Tour eine schöne Stange Geld
gekostet haben.

Na ja, sicher ist der Schöne nicht arm.
Wenn ihm was nicht passt, kann er aus dem Stand heraus
rumbrüllen, führt sich dann auf wie ein Rumpelstilzchen.
Pfarrer hin, Pfarrer her und überhaupt:
In seinem Bett pflegt er meistens blank und bloß, wie Gott ihn
geschaffen hat, zu liegen.

Schlafanzug, Netzhose, Einlage, alles ausgezogen.

Nur sein breitester, schwärzester, verruchtester Ledergürtel ist um seine Taille geschlungen.

Zum Lachen.

Oder zum Weglaufen.

Er muss doch eine Haushälterin gehabt haben.

Man fragt sich, was sie sich wohl gedacht hat, wenn sie seine Wäsche gemacht hat.

Denn der Inhalt seines Kleiderschrankes ist ganz exquisit:

Netzunterhemdchen, grobmaschig und mit Vorliebe schwarz.

Slips, weit entfernt von der Sorte „Weiß-Doppelripp-mit-Eingriff", winzig, gerade ausreichend, um seine Blöße zu bedecken.

Ein ebenso knappes knallrotes Badehöschen.

Aber einer seiner Pyjamas aus schwarzem Satin mit roten Aufschlägen an Hals und Ärmeln ist die Krönung. Darin sieht er aus wie Luzifer in Person.

Dann gibt's da noch jede Menge Ledergürtel, je breiter, desto lieber und … Stiefelettchen!

Zierlich, schwarz, nix praktischer Klettverschluss, geschnürt.

Das Pflegepersonal sieht es mit eigenen Augen, wenn es seine Wäsche zum Wechseln aus dem Schrank holt.

Sie können es jedes Mal nicht so recht glauben, dass diese Sachen einem Priester gehören, denn seine Hosen und Hemden sind normal und unauffällig.

Letztere oft schwarz und rot kariert, Holzfäller-Hemden, aus Baumwolle oder Flanell.

Daran sind immer die obersten drei Knöpfe offen.

Gut sichtbar baumelt um seinen Hals eine schwere Goldkette mit einem großen Medaillon.

Und was ist wohl darauf abgebildet?

Aber klar doch.

„Meine Jungfrau Maria."

Außerdem spricht der Pfarrer dem Wein zu, nicht mäßig, das ist oft schon übermäßig.

Von Zeit zu Zeit sitzt er in der Nacht pudelnackt auf der Bettkante unter Kruzifix, Matterhorn und Madonna, um die Taille den unvermeidlichen breiten Ledergürtel, an den Füßen sorgfältig geschnürte Stiefelettchen und pichelt direkt aus der Flasche genüsslich vor sich hin.

Letzte Nacht hatten die Nachtwachen gerade vom Treppenhaus aus die Wohngruppe betreten, als er ihnen in eben dieser Aufmachung entgegenkam.

Ohne Weinflasche dafür mit segnend erhobenen Händen.

So schwebte er regelrecht den Flur entlang und machte abrupt vor ihnen Halt.

Dann gab er den beiden seinen Segen, mit allem Drum und Dran.

So ein Priester bleibt eben immer Priester.

Schon am Nachmittag hatte er, da natürlich noch züchtig bekleidet, irgendwo eine Kerze und einen Kerzenleuchter aufgegabelt.

Aus seinem Zimmer hatte er Rosenkranz und Brevier geholt, die Kerze angezündet und damit war er von Zimmer zu Zimmer gegangen.

Er verabreichte den Bewohnern die Krankensalbung, früher Letzte Ölung genannt. Bevor der Tagdienst es überhaupt richtig mitkriegte und ihn stoppen konnte, hatte er schon einige

Zimmer abgeklappert. Die Männlein und Weiblein darin haben schreckensstarr und panisch in ihren Betten gesessen. Was für eine Aufregung, bis die alle wieder beruhigt waren!

In dieser Nacht bekommen die zwei Nachtwachen einen Riesenschreck.

Um halb vier hören sie plötzlich den Aufzug. Da sie davon ausgehen, dass zurzeit alle Bewohner schlafen, sollte doch eigentlich niemand außer ihnen unterwegs sein.

Seltsam.

Erstaunt und auch ein wenig beunruhigt sehen sie sich an, rennen zum Aufzug, die Anzeige zeigt U an, sie hasten weiter über die Treppe, nichts wie runter ins Kellergeschoss, um nachzusehen.

Wer steht da in Wanderkleidung und auf seinen knorrigen Wanderstock gestützt?

Der Pfarrer Eberhard.

Er ist ganz hocherfreut, die zwei Frauen zu sehen.

„Ah. Schön, dass Sie hier vorbeikommen. Wir sind zu einer Wanderung aufgebrochen. Könnten Sie mir vielleicht freundlicherweise sagen, wo meine Gruppe ist?"

Suchend sieht er sich um.

Das ist aber nicht sein letzter Auftritt für heute.

Als die beiden Nachtwachen um sieben Uhr nach Hause gehen, kommt er ihnen, mit nichts als seiner Netzhose bekleidet, aus dem Gebüsch am Eingang entgegen.

Er sucht schon wieder „seine Gruppe".

Manchmal kann einen vor schierer Verzweiflung nur der Humor bewahren.

Wortwahl

Diese Frau Franz!

Erst seit zwei Wochen ist sie da und seither hält sie alle auf Trab. Sie ist groß, kräftig, trotzdem scheint es, als sei die ganze Frau aus Quecksilber.

Sie ist überhaupt nicht richtig zu fassen.

Liegt sie, setzt sie sich auf, sitzt sie, stellt sie sich hin, steht sie, lässt sie sich ganz einfach urplötzlich auf den Boden fallen und in ihrem Bett bleibt sie nur stundenweise, eher noch halbstündlich.

Vorher war sie in einer psychiatrischen Klinik und sollte dort eigentlich noch mit ihren Medikamenten so gut eingestellt werden, dass sie wenigstens in der Nacht schläft.

Das ist anscheinend bisher überhaupt nicht geschehen.

Und so ist an Schlaf nicht mal zu denken.

Jede geschlagene Nacht wird sie von den Nachtwachen irgendwo am Boden liegend vorgefunden und es grenzt schlicht an ein Wunder, dass sie bisher noch keine Verletzungen davongetragen hat.

Einmal lag sie unter ihrem Nachtschrank, dessen gesamter Inhalt war auf ihr und um sie herum verstreut.

Ein anderes Mal stand sie am Bett ihrer Mitbewohnerin, fummelte an deren Infusionsschläuchen und dem Urinbeutel herum.

Die arme Frau Riegel konnte sich doch nicht wehren. Da sie ihrem Treiben nicht widersprach, riss Frau Franz ihr die Bettdecke weg, breitete sie unter dem Tisch aus und legte sich selbst gemütlich darauf.

Bei Annas letztem Nachtdienst vor dem Urlaub kniete sie mit aufgeschlagenen Knien vor der geschlossenen Badezimmertür und flehte diese schreiend mit ausgestreckten, zum Beten erhobenen Armen an:

„Heilige Muttergottes, Du bist voll der Gnade …"

Deshalb ist Anna auch heute Abend sehr misstrauisch, als sie ihr jetzt, bei der ersten Übergabe nach dem Urlaub versichern, dass die unbändige Frau Franz seit sieben Nächten gezähmt ist.

Das kann sie einfach nicht glauben. Und eben als sie mit Sandra deren Zimmer betrat, flog auch noch mit ohrenbetäubendem Knall die Tür hinter ihnen zu.

Da draußen tobt ein Wahnsinnssturm und hier drinnen liegt Frau Franz wahr und wahrhaftig in ihrem Bett und schläft.

Vorsichtig schauen sie nach, ob die Einlage nass ist. Ja, leider, ist sie. Was für ein Jammer, denn nun müssen sie Frau Franz wecken, um sie zu wechseln.

Aber das ist jetzt kein Problem.

Sie lässt sich drehen und wenden, vom Rücken nach links und dann wieder nach rechts, und dann kuschelt sie sich in ihre Bettdecke, murmelt ein verschlafenes „Danke", schließt die Augen und dreht sich auf ihre Lieblingsseite in Richtung Zimmer.

Unglaublich.

Wie ist das möglich?

Aus schierer Verzweiflung und nachdem sie ihr und ihren Angehörigen die Angelegenheit genau erklärt haben, hat als erster der Tagdienst bei Frau Franz den Bauchgurt bei einigen

Mittagsschläfchen ausprobieren dürfen – und siehe da, endlich ist sie in ihrem Bett geblieben und hat geschlafen. Nach ein paar Probe-Nachmittagen haben auch die Nachtwachen mit dem Einverständnis von Frau Franz und deren Verwandten den so verpönten Bauchgurt für die Nacht bei ihr anlegen dürfen.

Und in ihrem Fall ist der so in Misskredit geratene Bauchgurt ein wahrer Segen. Seit einer Woche schläft sie endlich in den Nächten durch.

Sie kann sich darin drehen und wenden, wie sie möchte, nur eins kann sie jetzt nicht mehr: aufstehen, um sofort wie das Amen in der Kirche hinzufallen.

Auch ihre hilflose Mitbewohnerin hat jetzt Ruhe vor ihr. So sind alle zufrieden.

Beruhigt verlassen Anna und Sandra in dieser Nacht das Zimmer.

Diesmal hält Anna die Türklinke ganz fest.

Ein kalter Luftzug fegt vorbei und schlägt sämtliche gekippten Fenster im Flur mit Getöse zu.

In den Aufzugschächten, im vorderen und hinteren Treppenhaus heult der Wind.

Die armen Seelen aller hier im Haus schon Verstorbenen scheinen sich zu einem johlenden Chor zusammengetan zu haben, um die Nachtwachen zu foppen und zu erschrecken. Schauerlich.

Dabei ist das heute eine regelrechte Glücksnacht für Anna und Sandra, wenn man das mal aus ihrer Sicht betrachtet.

Zwei Permanentklingler kamen heute mit einem Oberschenkelhalsbruch ins Krankenhaus,

Herr Hein um 18 Uhr, Frau Büchler nach dem Abendessen.

Frau Klemm, die die Woche über schon im Sterben lag, ist heute am späten Nachmittag verstorben.

„Huuu. Jetzt liegt sie da unten in diesem Geheul, kalt und tot. Na, wenn heute einer hier im Haus einbrechen will, der macht doch gleich schreiend auf dem Absatz kehrt!"

„Jetzt stell dir mal vor, die beiden, die im Krankenhaus liegen, die wären bei uns hingefallen. Und dann noch Frau Klemm gestorben. Und dazu dieser wahnsinnige Wind!"

„Gespenstisch."

Einträchtig sitzen sie im Dienstzimmer zusammen und haben endlich auch mal Zeit für eine Tasse Kaffee ohne ständigen Zeitdruck.

Eigentlich wacht Sandra nicht besonders gerne mit Anna.

Sandra ist Pflegehelferin und darf nur mit einer Krankenschwester oder einer Altenpflegerin arbeiten und nicht mit einer anderen Pflegehelferin.

Anna ist zwar Altenpflegerin, aber so unsicher, hektisch und chaotisch. Besonders wenn es unvorhergesehene Zwischenfälle gibt, steht sie auf dem Schlauch und reagiert mit schierer Panik.

Das hat Sandra schon in einigen Nächten mitgemacht. Da hilft nur Ruhe und nicht noch selbst die Nerven verlieren.

Kann sein, dass Anna, wenn sie mit Sandra wacht, besonders unsicher ist. Vielleicht wäre ihr eine Krankenschwester an der Seite auch lieber. Sie redet immer von ihrer Verantwortung, die sie in der Nacht auch für Sandra in ihrer Eigenschaft als examinierte Altenpflegerin trägt!

Denn Sandra ist zwar schon viel länger im Haus als Anna, aber sie ist eben n u r eine Pflegehelferin.

Das ist bei den anderen Nachtwachen nie ein Thema, aber bei Anna …

Jedenfalls ist Sandra nicht scharf auf irgendwelche Zwischenfälle, wenn sie mit ihr Nachtdienst hat.

Der Sturm pfeift und jault, während es im Haus extrem ruhig ist. Bis zur Morgenrunde geht nicht einmal der Pieper los.

Ohne Hast drehen sie ihre Runde, haben den zweiten und dritten Stock schon geschafft und sind gerade im ersten angelangt, fast genau in der Mitte.

Anna läuft schon vor, im nächsten Zimmer kommt sie alleine zurecht.

Dafür geht Sandra ins Zimmer Riegel/Franz.

Als sie Licht macht, trifft sie fast der Schlag.

Nein!

Das kann doch gar nicht sein.

Frau Franz sitzt vor ihrem Bett, sie hängt im Bauchgurt und sitzt trotzdem vor ihrem Bett.

War da nicht gerade eine Bewegung?

Hat sie den Kopf geschüttelt? Den Arm bewegt?

Das Ganze sieht so grotesk aus, dass Sandra die Hände vor den Mund schlägt und beinah laut herausgelacht hätte.

Diese Frau Franz!

Es ist einfach nicht zu glauben.

Wie hat sie denn das wieder fertiggebracht?

Sandra rennt zur Tür hinaus, Anna entgegen und ruft:

„Anna! Komm schnell! Ich brauch dich! Du wirst es nicht für möglich halten! Jetzt schau dir das mal an!"

Beide stürzen zurück ins Zimmer und Anna ruft:

„Herr Jesses, Frau Franz!"

Sandra stellt nur fest, dass der Kopf von Frau Franz jetzt mehr vornüber auf der Brust hängt als eben noch. Sie fassen sie, Sandra links und Anna rechts, unter ihre Schultern und mit Ächzen und Stöhnen wuchten sie diese große kräftige Frau zurück auf ihr Bett.

Diese Person ist wirklich bleischwer.

Sandra sucht den Magnetknopf, um den Bauchgurt zu öffnen. Als Frau Franz vor dem Bett sitzend darin hing, war es nicht möglich. Zu viel Spannung drauf, dazu muss sie liegen.

Anna fragt:

„Also, Frau Franz, wie um alles in der Welt haben Sie denn das wieder hinbekommen?"

Die Frau antwortet nicht.

Frau Franz macht keinen Mucks.

Sie bewegt sich nicht, nicht die leiseste Regung.

Jetzt stockt beiden der Atem.

Die Frau, die da auf dem Bett liegt, ist so tot wie man toter gar nicht sein kann!

Das kann doch alles gar nicht wahr sein.

Ihr Körper ist warm, sie ist beweglich.

Wieso …

Und was jetzt?

Der Notarzt muss her.

Sandra merkt an den abrupten Bewegungen und abgerissenen Sätzen, wie bei ihrer Kollegin Panik ausbricht.

Das kann sie im Augenblick nicht gebrauchen.

Als Hauptnachtwache muss Anna den Notarzt anrufen, das kann sie ihr keinesfalls abnehmen.

Zuerst fahren sie Frau Riegels Bett mitsamt ihrem Infusionsgestell in den Speisesaal. Das geht nun nicht anders. Es wird sich um diese Uhrzeit hoffentlich niemand hierhin verirren. Anna rennt, um den Notarzt anrufen.

Sandra rennt derweil ins Dienstzimmer. Sie haben zum Glück schon bis zu dieser Morgenrunde alles in die Pflegedokumentationen eingetragen. Sie füllt nur noch schnell die Strichlisten für die Lagerungen aus.

Bevor der Notarzt nicht kommt, können sie bei Frau Franz nichts tun.

Bis jetzt die ganze Nacht ohne Problem und jetzt das.

Und auch ausgerechnet noch mit Anna!

Dazu diese plötzliche, geradezu unheimliche Stille im gesamten Haus.

Irgendwann muss der Wind da draußen eingeschlafen sein. Sandra hat es gar nicht bemerkt.

Schreckensbleich stürzt Anna ins Dienstzimmer:

„Der Notarzt kommt so schnell er kann. Aber er sagt ... er sagt, dass er die Kripo mitbringen muss!"

Wahrscheinlich befindet sich der Adrenalin-Spiegel der beiden Nachtwachen schlagartig in schwindelerregender Höhe.

Warum um alles in der Welt die Polizei?

Sandra sagt sehr bestimmt:

„Anna. Du musst jetzt sofort den Heimleiter anrufen. Vielleicht die Pflegedienstleitung auch, aber das muss sein ..."

Jetzt ist Anna vollkommen in Panik.

„Wieso denn? Wieso denn das jetzt?"

„Na, hör mal. Die Kripo kommt. D u musst das machen. Du bist Hauptnachtwache, unbedingt!"

Zum Glück ist Sandra das eingefallen, in fliegender Hast suchen sie die Telefonnummern.

Anna erreicht alle beide, schildert stotternd, was geschehen ist, und kaum hat sie aufgelegt, stehen sie auch schon auf der Matte wie angeflogen.

Die Pflegedienstleiterin so schreckensbleich wie die Nachtwachen.

Der Heimleiter ist die Ruhe selbst.

Sie stürzen hoch ins Zimmer zu Frau Franz.

Auf dem Weg dahin redet der Heimleiter beschwörend auf die Nachtwachen ein:

„Regt euch nicht auf. Jetzt regt euch nur nicht auf. Auch wenn diese unruhige todkranke Frau in dem Gurt hängend vor dem Bett saß, kann sie ja auch einfach ganz natürlich gestorben sein. Und daran habt ihr nun wirklich keine Schuld. Regt euch bloß nicht auf!"

Etwas Erleichterung bei Anna und Sandra, die ja alle beide dachten, der Chef beschuldige sie, weil die Kripo sein Haus betreten wird.

Dass der Notarzt her muss, ist klar. Nur, warum die Kripo? Das versteht keiner.

Ohne nach rechts oder links zu gucken, geht Sandra alleine los, um die Morgenrunde zu beenden.

So gut sie das eben ohne Anna kann. Seit sie Frau Franz gefunden hat, ist gar nicht mal so viel Zeit vergangen. Irgendwie geht alles quälend langsam und gleichzeitig rasend schnell.

Sandra zermartert sich das Hirn. Hat Frau Franz sich noch bewegt, als sie ins Zimmer kam?

Mit aller Macht versucht sie, sich ganz genau zu erinnern.

Oder war das nur eine optische Täuschung?

Allein ist es Knochenarbeit für sie, die Bewohner und Bewohnerinnen ordentlich zu versorgen.

Ihr klopft das Herz bis in die Kehle.

Was soll das alles noch werden?

So.

Fertig.

Sie rennt runter ins Zimmer von Frau Franz.

Zwei Polizisten sitzen mit Anna am Tisch unter dem Fenster und schreiben.

Die anderen stehen um das Bett herum, der Notarzt tief über Frau Franz gebeugt.

„Würden Sie bitte jetzt kommen? Ihre Personalien brauchen wir auch."

Anna steht auf, Sandra setzt sich.

Auch sie ist jetzt so aufgeregt, dass ihr die eigene Telefonnummer nicht sofort einfällt.

Sie war als Erste bei Frau Franz und schildert noch einmal, wie sie diese vorgefunden hat, auch dass sie sich sehr unsicher sei, ob sie noch eine Bewegung wahrgenommen habe.

Hundert Prozent sicher sei sie nicht.

Spät ist es, ihr Dienst längst zu Ende, als Anna und Sandra endlich runter ins Dienstzimmer zur Übergabe gehen können.

Der Tagdienst ist fast vollständig versammelt.

Als sie von Frau Franz berichten, bleibt denen vom Tagdienst der Mund offen stehen.

Dass auch die Kripo noch im Haus ist, warum um Himmelswillen denn die Kripo?

Und dann Anna.

Anna ist völlig aufgelöst.

Weil sie Hauptnachtwache ist, denkt sie, dieser Vorfall koste sie ihre Stelle.

Sie hat Angst, dass sie nie mehr als Altenpflegerin arbeiten kann.

Aber wieso denn das jetzt?

Alle versuchen, ihr das auszureden, sie zu trösten.

Nein.

Sie ist nicht zu beruhigen.

Ja, also, die Nachtwachen haben Frau Franz ja nicht ins Jenseits befördert.

Und neben das Bett einer einzigen Bewohnerin können sie sich auch nicht setzen.

Aber die Kripo?

Kein Mensch versteht, warum der Notarzt auch noch die Kripo mitgebracht hat.

Es gibt eine gerichtsmedizinische Untersuchung bei Frau Franz.

Gravierende Herzprobleme hatte sie schon seit Jahren.

Nun war sie einem Herzschlag erlegen.

Ob im Bett oder vor dem Bett, passiert wäre es so oder so.

Offenbar hat sie sich in der Nacht aufgesetzt, wieder die Beine vors Bett gehängt, um aufzustehen, und da sie eine große schwere Frau war, kippte sie einfach vornüber, wobei sie der Bauchgurt noch gehalten hat.

Aber warum ist der Notarzt dann mit der Kripo gekommen?

Und warum hat die Kripo eine gerichtsmedizinische Untersuchung angeordnet?

Das lag an einem.

An einem einzigen falsch benutzten Wort!

Anna hatte es gebraucht.

Als sie den Notarzt anrief, sagte sie, die Bewohnerin säße vor ihrem Bett, sei tot und habe sich mit ihrem Bauchgurt s t r a n g u l i e r t .

Gemeint hat sie aber nur, dass die Frau tot im Bauchgurt hing. Der Notarzt hingegen verstand es am Telefon so, als hätte die Frau sich a u f g e h ä n g t .

Haare

Es war einmal eine sehr alte Frau, die hauste in ihrem Zimmer jahrein, jahraus, blieb immer drin, ging niemals raus.

Jeder, der in diesem Haus arbeitet, weiß, von wem die Rede ist.

Das kann nur Frau Wollyhaupt sein.

Es ist ein Witz, dass ausgerechnet sie diesen Namen hat.

Denn ihre Haare sind ein feines, wolliges, weißes Gespinst auf ihrem Kopf, wie ein Vogelnest aus lauter Spinnweben.

An manchen Tagen trägt sie darüber noch ein weißes Seidenkopftuch, das ihr ständig über die Stirn ins Gesicht rutscht.

Was an sich nicht schlimm gewesen wäre, aber ihr Gesicht ist jede Nacht mir einer dicken Schicht Penaten-Creme bedeckt.

Immer steht eine offene 150-Gramm-Dose auf ihrem Waschbecken, obwohl weit und breit kein Baby zu versorgen ist.

Sie wendet große Sorgfalt beim Auftragen dieser fettigen Creme an.

Kein Mensch weiß, warum sie auch in der Nacht dieses Kopftuch trägt. Weil es ständig ins Gesicht rutscht, steht sie oft konzentriert vor dem Badezimmerspiegel und bessert die Cremeschicht nach.

Um die Augen darf keine Creme sein, auch den Mund spart sie sorgfältig aus.

„Exakt. Ganz exakt muss das sein. Würden Sie mich jetzt bitte ganz vorsichtig zur Toilette führen?", sagt sie mit ihrer tiefen Männerstimme zu den beiden Nachtwachen und streckt den rechten und den linken Arm aus.

Die müssen sie nun an die Hand nehmen und zur Toilette geleiten.

Eine Nachtwache allein könnte sie auch versorgen.

Aber, nein, auf diese Zeremonie besteht Frau Wollyhaupt Nacht für Nacht.

Eine der Nachtwachen hält ihre Haare, besser Haare samt rutschendem Kopftuch aus dem Gesicht, die andere wechselt derweil die nasse Einlage und beide lassen sie dann vorsichtig auf die Toilette herunter.

Dann das Ganze in umgekehrter Reihenfolge, drei Schritte zum Badezimmerspiegel und … natürlich muss sie nun nachbessern.

Da steht sie dann im bodenlangen weißen Nachthemd mit ihrem Totenkopfgesicht, darüber das Haargespinst unter dem weißen Seidentuch, und erläuterte ihnen Nacht für Nacht mit einer Stimme, die aus dem tiefsten Keller zu kommen scheint, die Vorzüge der Penaten-Creme gegen Falten.

Sie lebt in ihrem Zimmer wie die Schnecke in ihrem Haus oder die Schildkröte in ihrem Panzer. Sie streckt ab und zu mal den Kopf heraus, um zu sehen, was auf dem Flur los ist, setzt aber nie einen Fuß vor die Tür.

Weihnachtsfest, Sommerfest oder sonstige Veranstaltungen finden alle ohne sie statt.

Sie geht weder zum Frühstück noch zum Mittag- oder Abendessen in den Speisesaal, lässt sich alles in ihrem Zimmer auf dem Tisch unter dem Fenster servieren.

Nein.

Sie isst nicht mit anderen Menschen.

Besuch bekommt sie auch nie.

Und wenn, wer weiß, ob sie ihn überhaupt in ihr Zimmer ließe.

Nur das Pflegepersonal darf am Tag und in der Nacht ihr Zimmer betreten.

Ausgerechnet einem Mann gewährt sie noch Zutritt.

Herr Brahs macht fürs Haus Besorgungen im nahen Supermarkt und jeden Donnerstagnachmittag lässt sie ihn huldvoll bei sich ein und drückt ihm die bereits akkurat geschriebene Einkaufsliste in die Hand.

Sie braucht ihn, so viel steht fest.

Es bleibt ihr auch gar nichts anderes übrig.

Er besorgt ihr Piccolos, neue Penaten-Creme und vor allen Dingen ihre Wochen-Lektüre, als da sind:

Das Goldene Blatt, Das Neue Blatt und Bunte, dazu je nach Erscheinen einmal im Monat Adel aktuell, Adel exklusiv und Vogue.

Wenn neues Personal im Haus ist und sich bei ihr über diese Auswahl wundert, erklärte sie mit ihrer Bassstimme entrüstet:

„Na, nun hören Sie mal. Ich bitte Sie. Bei den Adelshäusern muss man auf dem Laufenden sein und bei der Mode immer à jour."

Die ausgelesenen Illustrierten und Adelsblättchen lässt sie in die Sitzecke im Flur legen, von wo aus sie dann irgendwann zerfleddert in der Papiertonne verschwinden.

Nur die Vogue stapelt sie in einer Zimmerecke und bewacht sie wie ein Zerberus.

Die Jahreszeiten und mit ihnen die Jahre kommen und gehen. Frau Wollyhaupt sitzt tagein, tagaus in ihrem Sessel unter der Stehlampe, das bleiche, von keinem Sonnenstrahl berührte Gesicht über ihre Zeitschriften gebeugt.

Manchmal löst sie eines der Kreuzworträtsel.

Meistens aber liest sie nur und betrachtet sich eingehend die Bilder.

Dabei krault sie sich ununterbrochen ihre feinen, wolligen Haare, oft reißt sie sich im Eifer ganze Büschel aus.

Im Zimmer liegen Haarbäusche auf dem Fußboden herum.

Gespenstisch bewegen sie sich beim geringsten Lufthauch, wie die Knäule aus Steppengras in den Western.

Was tut Frau Wollyhaupt sonst noch in ihrem Zimmer?

Rein gar nichts.

Eines Nachts kniet sie mit ausgebreiteten Armen, das Gesicht in die Bettdecke versenkt, regungslos vor ihrem Bett.

Aus unerfindlichen Gründen hat sie den Deckel auf die Dose mit der Penaten-Creme geschraubt und sie mitten aufs Bett platziert.

So als wollte sie sagen:

„Die brauche ich jetzt nicht mehr. Das war's."

Und wenn sie in jener Nacht nicht mausetot gewesen wäre, dann wäre sie immer noch die größte Expertin zum Thema europäischer Adel, immer noch à jour zum Thema Mode, würde sich die Haare raufen und weiter cremen und cremen und cremen …

Ausgeliefert

Beate hat die letzten vier Nächte mit Oskar Dienst gehabt, heute kommt Sofie.

Sie merkt sofort, als sie ins Dienstzimmer kommt, dass Beate geladen ist, und wie, denn sie schleudert ihr nur drei Worte entgegen und zeigt zur Decke:

„Frau Helga Schneider!"

1. Stock, Zimmer 130.

Sofie weiß sofort, wen sie meint. Dabei war diese Frau Schneider doch seit Weihnachten ziemlich umgänglich, hatte mal nicht tausend Sonderwünsche, war gut gelaunt.

Aß aber nach wie vor wie ein Scheunendrescher, bekam zusätzlich zum Hausessen noch wider jegliche Vernunft von Mann und Eltern Schüsseln voll Kartoffelsalat, Sahnehering und anderes reingestopft. Inzwischen machte sich ihr enormer Bauch fast selbstständig. Ist groß wie eine Behausung für Fünflinge.

Oh je, das kann ja heiter werden.

Beate sagt:

„Mensch, Sofie, das kannst du dir einfach nicht vorstellen. Wir haben ja alle schon einiges mit ihr ausgestanden und die ganze letzte Zeit ging's ja auch. Aber in den letzten Nächten hat sie selbst den Oskar geschafft."

Oskar gilt als Engelsgeduld in Person.

„Na, dann hat sie eben wieder ihre Psychose!"

„Weiß der Teufel. Bis jetzt beschränkt sich das neueste Drama nur auf ihre Harnwege. Drei Mal ist der Urologe jetzt schon bei ihr gewesen, der ist auch schon total sauer. Er konnte weder einen Infekt feststellen noch Blut im Urin oder sonst irgendetwas, was Frau Schneider sich einbildet. Sie glaubt ihm nicht, was er sagt. Sie weiß es besser. Da ist etwas mit ihren Harnwegen."

„Also doch wieder Psychose."

„Ach, na ja, die Psychose, die war wahrscheinlich nie ganz weg, seit sie das letzte Mal in der Psychiatrie gewesen ist. Kann es aber nicht beurteilen, bin ja kein Arzt."

Fakt ist, jede verdammte Stunde hat sie in jeder der vergangenen Nächte auf der Klingel gestanden. Beate kann das schon alles nicht mehr hören und so schickt sie Sofie hoch zur Übergabe.

Holger sitzt da und schreibt noch in die Pflegedokumentation, und als er Sofie sieht, sagt er genervt:

„Na, dann gute Nacht! Schon den Nachmittag über hat Madame mich auf Trab gehalten."

Über seine Schulter wirft Sofie einen Blick auf die Eintragungen in die Pflegedokumentation.

Rot. Rot. Rot.

Die Eintragungen der Nachtwachen sind rot und Oskar hat einen ganzen Roman geschrieben.

„Von Beate soll ich dich fragen, ob Frau Schneider sich heute über Oskar beschwert hat? Die müssen sich gegen Morgen ziemlich in die Wolle gekriegt haben!"

„Na. Kein Wunder. Aber nein, hat sie nicht. Also, bei mir nicht."

Sein Pieper geht.

Zimmer 130.

Na, eben.

Holger reagiert auf die Klingel.

Sein Dienst ist noch nicht zu Ende.

Als er wiederkommt, berichtet er, dass Frau Schneider dringend wissen will, ob der Oskar wieder Dienst mit Beate hat oder jemand anders. Außerdem will sie etwas gegen die Schmerzen in Magen, Bauch oder Blase. Wo genau, kann sie nicht sagen. Sie will ihre Bedarfsmedikation. Das sind 20 Tropfen Tramal. Außerdem erwarte sie eine ganz schlimme Nacht. Dabei hat die Nacht kaum angefangen.

Holger bekam von ihr die Anweisungen, dass die Tür zum Flur offen bleibt, das Licht an bleibt, das Radio ebenfalls und er soll die Uhr ganz genau in ihre Blickrichtung stellen.

Meine Güte.

Holger macht seine und Lars' Übergabe, der schon gegangen ist. Bei den anderen Bewohnern im ersten Stock liegt nichts Besonderes an, nur das Übliche.

Es grenzt überhaupt an ein Wunder, dass sie heute alle versorgen konnten und schon ins Bett bekommen haben.

Frau Schneider legt sich wie ein Schatten über die gesamte Wohngruppe. Vermutlich hat sie noch nie einen Gedanken daran verschwendet, dass es hier im Haus noch andere Menschen gibt, um die man sich kümmern muss.

Holger schließt das Dienstzimmer ab und geht mit Sofie runter. Sie legt gerade die Pflegedokumentation ab, als einer der Pieper losgeht.

Wer ist es?

1. Stock, Zimmer 130.

Verständlich, dass Beate die Geduld verliert, sie macht das Theater jetzt schon einige Nächte mit. Und so geht Sofie hoch.

Frau Schneider will ihre Tropfen.

Die hat sie doch schon von Holger bekommen?

Nein, er hat sie nur zurechtgemacht, da stehen sie ja noch.

Gut, dann kriegt sie eben jetzt ihre Bedarfsmedikation, dazu ein Glas Wasser. Sie verlangt einen Strohhalm. Nein, anders kann sie das überhaupt nicht trinken.

Qualvoll verzieht sie das Gesicht.

Beate und vor allen Dingen Oskar, die haben sie in den letzten Nächten überhaupt nicht verstehen wollen. Diese Schmerzen kann sie jetzt einfach nicht mehr ertragen. Sie ist völlig am Ende.

Während aus dem Radio fröhliche Tanzmelodien dudeln, jammert und jammert sie Sofie die Ohren voll.

Heute hat Oskar keinen Dienst mehr und jetzt nimmt sie sich Sofie vor.

Aha.

Einen gegen den anderen ausspielen ist ein altes Spielchen von Frau Schneider.

„So helfen Sie mir doch Sofie! Ich halte das nicht mehr aus!"

Wie oft Sofie diese zwei Sätze schon gehört hat!

Beim Beginn des Dienstes, die ganze Nacht durch, vor dem Notarztbesuch, nach dem Notarztbesuch, diese Frau ist mit nichts zu beruhigen.

Da hilft kein gutes Zureden, da steht jede Nachtwache irgendwann völlig ratlos an ihrem Bett.

Es ist erst 23 Uhr.

Frau Schneider hat Abführtag und hatte auch enorme Mengen Stuhlgang in ihrer Einlage. Jetzt wird sie noch auf die Seite gelagert.

Prompt fragt sie: „Hab ich denn auch wirklich genügend abgeführt? Sagt ihr mir das ehrlich?"

„Aber ja doch, ja."

Zusätzlich zu den vorhin geschluckten Tramal-Tropfen verlangt sie jetzt trotzdem ihre Nachtmedikation. Was für eine Idee, nein, nein, die Nachtmedikation kann jetzt nicht einfach wegbleiben. Sie habe ja keine Blasen-, Magen- oder Bauchschmerzen mehr.

Oh nein, jetzt ist bei Frau Schneider nämlich der Frauenarzt angesagt.

Da sei sie schon so lange nicht mehr gewesen. Im Augenblick seien die Schmerzen nicht zum Aushalten, etwas Gynäkologisches müsse es jetzt wohl sein. Sie sei sich ganz sicher. Sie wolle sofort in ein Krankenhaus, um es abzuklären.

Beate ist auf 180, das hat sie jetzt jede Nacht mitgemacht!

Sofie sagt zu ihr: „Mensch, Beate, wenn sie denn unbedingt den Notarzt will, dann ruf ihn ihr doch."

„Sofie! Die Ärzte halten mich doch für verrückt. In dieser Woche war schon zweimal einer da, in der Nacht, plus Hausarzt am Tag und Urologe. Und alles für die Katz, wegen nix!"

„Ruf dann einfach ihren Mann an. Er will doch angerufen werden, wenn etwas ist, rund um die Uhr. Hab ich in der Pflegedokumentation gelesen."

„Ja. Steht drin. Aber als er Dienstagnacht kommen musste, war er so aufgebracht und derart unverschämt zu uns. Das brauche ich nicht noch mal!"

„Na, weißt du. Dann soll er's doch in der Dokumentation streichen! Jetzt steht's drin, und solange es drinsteht, gilt es für uns. Also ruf ihn an. Der mault ja doch immer rum. Nachher meckert er, wenn du ihn n i c h t angerufen hast."

Während sie noch überlegen, was zu tun ist, geht schon wieder ein Pieper.

Frau Schneider.

Sie will den Notarzt.

Sofort.

Vielleicht könne ja erst mal ihr Mann benachrichtigt werden, bevor ...

Ja, er sowieso, er müsse kommen.

Gut.

Wütend wählt Beate die Nummer ihres Mannes.

Benachrichtigt will er werden, aber jetzt geht er nicht ran, ist nicht da oder was auch sonst.

Andererseits scheut sie sich noch immer, den Notarzt anzurufen.

Was soll sie dem denn sagen, warum er so dringend nötig ist?

Jetzt ist dieser Herr Schneider nicht zu erreichen und seine Frau wird die ganze Nacht herumheulen deswegen und dann werden es die Nachtwachen von ihm abkriegen, falls sie seiner Frau nicht den Notarzt rufen.

Frau Schneider. Frau Schneider. Frau Schneider.

Als gäbe es nur sie auf der Welt, so werden Beate und Sofie mit dem ersten Rundgang nie fertig.

Ach, es sollte ihr egal sein, denkt Beate und benachrichtigt den Notarzt.

Ja, ja.

Der kennt diese Frau Schneider schon.

Was ist es denn diesmal so Eiliges?

Natürlich wird er kommen, aber in dieser Nacht ist sehr viel zu tun, das wird dauern.

Auch gut.

Nach dieser Nachricht herrscht Ruhe im Zimmer 130.

Vielleicht ist sie jetzt doch endlich mal eingeschlafen?

Wäre ja möglich bei der Menge an Medikamenten, die sie jetzt schon intus hat!

Jedenfalls können die beiden ohne weitere Störungen ihren Rundgang beenden.

Kleine Kaffeepause. Auch ohne besondere Ereignisse schlaucht jeder Rundgang. Dann Pflegedokumentationen eintragen – ach, wie erholsam.

Der Pieper geht.

Zimmer 130.

Beate dreht die Augen zur Zimmerdecke. Aus ist es mit dem Frieden, Sofie geht erst mal alleine hoch.

Schon als sie die Treppenhaustür zur Wohngruppe öffnet, hört sie das Geschrei von Frau Schneider:

„Helft mir doch. Ich halte das nicht aus. Sofie. Beate. So helft mir doooch …"

Sie geht den Flur entlang.

Hinter all diesen geschlossenen Türen schlafen Menschen.

Wenn jeder Bewohner sich so aufführen würde wie diese Frau.

In deren Zimmer ist immer noch Festbeleuchtung und das Radio dudelt nach wie vor, eigentlich müsste sie jetzt doch zufrieden sein.

Ist sie nicht.

Sofie sagt ihr noch einmal, dass der Notarzt verständigt wurde und auch so schnell als möglich kommen wird und dass ihr Mann eben leider nicht zu erreichen war.

Ach, das weiß sie doch schon alles.

Aber nun sind ihre Schmerzen ins schier Unermessliche gewachsen.

Notarzt. Notarzt. Notarzt.

Schnell.

So schnell als möglich.

Ja, sollen wir ihn denn an den Haaren herbeiziehen, denkt Sofie.

Und als sie durch den Flur zurück zur Treppe geht, folgt ihr ein klagendes:

„Sofie. So helfen Sie mir doch ..."

Unten im Dienstzimmer ist Beate schon mal dabei, den Verlegungsschein für Frau Schneider auszufüllen in der Hoffnung, der Notarzt werde sie ins Krankenhaus einweisen, in die Psychiatrie oder sonst wohin. Hauptsache weg in dieser Nacht und aus diesem Haus.

Sofie trägt weiter in die Pflegedokumentation ein. Der vorgesehene Platz für die Medikamentengaben bei Frau Schneider reicht hinten und vorne nicht aus, sie schreibt drunter, drüber und nebendran.

Schon wieder geht einer der Pieper los.

Klar.

Zimmer 130.

Sofie rennt hoch.

„Nein, Frau Schneider. Der Notarzt ist leider noch nicht da. Sonst wäre er ja hier bei Ihnen!"

Sofie rennt wieder runter.

Da tut sich was an der Pforte, da ist er endlich. Sofie lässt ihn und den Fahrer rein.

Beate kommt ihnen entgegen und alle fahren hoch in den ersten Stock.

Sie hören Frau Schneider brüllen:

„Helft mir doch! Ich halte das n i c h t   m e h r   a u s."

Als der Notarzt an Frau Schneiders Bett steht, ist die mit zusammengekniffenen Augen immer noch am Schreien und er guckt auf sie runter und schüttelt den Kopf.

Frau Schneider verschlägt es die Sprache und sie reißt die Augen auf, als sie ihn sieht, und lächelt ihn an, als wäre gar nichts gewesen.

Beate schildert ihm den „Notfall" und hält ihm den Verlegungsschein hin.

Sofie drückt ihm die Pflegedokumentation in die Hände und er wirft einen langen Blick auf die Latte der bisher eingenommenen Medikamente und sagt prompt:

„Sie haben mich doch hoffentlich jetzt nicht gerufen, damit ich die Frau in die psychiatrische Klinik einweise? Da brauchen wir ihr Einverständnis oder die Polizei."

Das wissen Beate und Sofie schon, trotzdem wäre es ihnen natürlich sehr lieb, aber sie sagen es nicht, denken nur beide, dass es jetzt halb eins ist und die Nacht noch sehr lang und dass Frau Schneider wahrscheinlich sogar einverstanden wäre …

Der Arzt untersucht Frau Schneider und fragt, wann sie den letzten Stuhlgang hatte, denn in ihrem Bauch rumpelt es gewaltig.

Na, so vor einer Stunde?

Dann ist das in Ordnung, dann sind das Blähungen.

Frau Schneider wehrt ab:

„Oh, nein. Das … ich muss sofort zum Frauenarzt. Das ist was Gynäkologisches. Ich spüre das. Das muss sofort ein Gynäkologe abklären. In der Klinik …"

Eben.

Wenn diese Frau mal das kleinste Wehwehchen hat, muss der Notarzt her, ein Krankenhausbett bereitstehen, 24 Stunden rund um die Uhr.

So war das, so ist das, so wird das immer sein.

Amen.

Längst fragen sich alle im Haus, wieso die Krankenkasse das ganze Diva-Gebaren von Frau Schneider mitmacht, das kostet doch.

An allen Ecken und Enden muss gespart werden, aber sie setzt all ihre unglaublichen haarsträubenden Extrawünsche durch, als gäbe es nur sie auf dieser Welt.

Wieder drückt der Arzt auf ihrem enormen Bauch herum, ja, das sind Blähungen.

Er wird ihr Buscopan-Zäpfchen verordnen, sind welche im Haus?

Er schreibt ihr ein Rezept aus und auf den Notfallzettel schreibt er: „Unklare Beschwerden im Unterbauch."

Beate sucht im Dienstzimmer im Medikamentenschrank nach den Zäpfchen.

Inzwischen schildert Frau Schneider dem Notarzt ausführlich ihre große innere Sensibilität.

Der wundert sich nämlich.

Wieso kann sie überhaupt etwas spüren?

Sie ist ab Unterbauch abwärts gelähmt und kann weder da noch in ihren Beinen Gefühl haben.

Diese intensive Sensibilität überkommt sie einfach, so Frau Schneider.

Deswegen muss sie jetzt auch sofort ein Frauenarzt untersuchen, das ist eine gynäkologische Sache, so viel steht fest, sie weiß das einfach.

Sie bekommt die Zähne kaum auseinander wegen der Unmenge an Medikamenten, die sie schon intus hat, aber sie bekommt vom Notarzt noch dieses Zäpfchen dazu.

Wenn es denn so ist, meint er, hat es ja sicher Zeit bis morgen früh. Jetzt kann er keinen dringenden Handlungsbedarf feststellen.

Er verabschiedet sich, wahrscheinlich weiß er auch nicht so recht, was das jetzt gewesen ist oder sein sollte. Sofie begleitet ihn und den Fahrer hinaus und schließt die Pforte ab.

Beate ist immer noch oben bei Frau Schneider.

Eieiei.

Frau Schneider ist mit dem Ablauf dieses Notarztbesuches, mit dem Notarzt und vor allen Dingen mit seiner Anordnung ganz und gar nicht zufrieden.

Aber immerhin hat sie ihren Willen durchgesetzt und deswegen ist wenigstens jetzt erst mal Ruhe.

Wann und wie hätten Beate und Sofie auch sonst den zweiten Rundgang schaffen sollen?

Diese himmlische Ruhe währt jedoch nicht sehr lange.

Gerade sind sie wieder unten angekommen, da geht einer der Pieper los.

Zimmer 130.

Also, kehrt Marsch, alle beide wieder zurück in den ersten Stock.

Schon auf der Treppe hören sie das Gebrüll:

„Ich halte das nicht aus. Ich bin am Ende. Heeelft mir doch. Aaach ..."

Na bitte.

Dieser Notarzt hat sie ja gar nicht richtig untersucht, behauptet Frau Schneider.

Da ist etwas in ihrem Bauch.

Nicht zum Aushalten sind ihre Schmerzen.

Krankenwagen.

Krankenhaus.

Und ein Gynäkologe muss sie sofort untersuchen.

Wenn man das so erzählte, würde es keiner glauben.

Aber es ist, wie es ist.

Beate macht das jetzt in der sechsten Nacht mit und sie kann es einfach nicht mehr ertragen.

Ab jetzt werden Beate und Sofie nur noch zusammen zu Frau Schneider gehen.

Einfach damit die eine die Zeugin der anderen Nachtwache sein kann.

Weiß der Teufel, was Frau Schneider sonst erzählt bei diesem Chaos, das durch die Medikamente in ihrem Kopf herrschen muss!

Sie beeilen sich, die Einträge der zweiten Runde in die Pflegedokumentationen fertig zu bekommen.

Da geht schon wieder einer der Pieper los.

Zimmer 130.

Frau Schneider besteht darauf, dass sofort noch einmal dieser Notarzt gerufen wird. Sie sagt zu Beate und Sofie: „Vorhin haben Sie doch zu mir gesagt, Sie können mir nicht einfach einen Krankenwagen rufen oder mich in eine Klinik einweisen. Das kann nur ein Arzt."

In ihrem verwirrten Zustand eine absolut bestechende Logik.

Irgendwie schafft es Beate, sie doch etwas zu beruhigen.

Ja, gut.

Vielleicht sollte sie noch einmal versuchen, wenigsten ihren Mann zu erreichen.

Wenn er kommt, wäre dies schon mal eine Erleichterung.

Er ist bestimmt zu Hause und hat sicher vorhin nur so fest geschlafen, dass er das Telefon überhört hat, ach ja, das wäre gut.

Was für eine Nacht.

Auch andere Bewohner klingeln, möchten zur Toilette geführt werden, Fenster geöffnet oder wieder geschlossen haben, Wasserflaschen aufgedreht bekommen und was sonst noch so ist. Zum Glück ist der Brechdurchfall im ganzen Haus seit ein paar Tagen überstanden, kein Bewohner schwer krank oder Schlimmeres …

Sie sind noch beim Eintragen in die Dokumentationen, da geht einer der Pieper los. Inzwischen kommt es ihnen so vor, als hätte er bei Zimmer 130 schon einen ganz besonderen Klang, natürlich, Frau Schneider.

Kann ja nicht anders sein.

Gott stehe ihnen bei.

Sie hören ihr Kreischen schon im Flur.

Völlig außer Rand und Band tobt sie in ihrem Bett.

Notarzt.

Klinik.

Ihr Mann.

Ihre Forderungen klingen wie Fanfarenstöße.

Beate und Sofie lagern sie erst einmal um, auf die andere Seite, zur Ablenkung und damit sie sie jetzt wenigstens von der Wand wegbekommen, gegen die sie mit Fäusten trommelt.

Ja, ja, ihr Mann werde noch ein Mal angerufen.

Ja, ja, auch der Notarzt.

Das ist gelogen, denn das hätten sie sich vorhin ja auch sparen können, aber Hauptsache, sie beruhigt sich endlich ein bisschen.

Sofie und Beate gehen völlig ratlos runter.

Da stehen sie wieder.

Ganz allein auf weiter Flur.

Mit einer Frau, die jede Minute total ausrasten kann, und all den anderen Bewohnern.

Und das ist nicht nur in dieser Nacht so.

Wenn in der Nachtwachen-Besprechung so ein Problem, wie zum Beispiel eine solche Nacht, auf den Tisch kommt, dann wird das immer so hingedreht, als läge es an dem mangelnden Einfühlungsvermögen der jeweils diensthabenden Nachtwachen.

Was so viel heißt:

Seht doch gefälligst selbst zu, wie ihr alleine damit zurechtkommt.

Davon hat jedenfalls Beate die Nase voll.

Sie wird Frau Schneiders Mann jetzt auch nicht mehr anrufen.

Es ist fast halb vier und der Morgenrundgang beginnt bald.

Sofie sagt:

„Wie sollen wir die letzte Runde denn schaffen, wenn Frau Schneider weiter so klingelt? Kann ich es noch mal bei Herrn Schneider versuchen?"

Beate zuckt die Schultern.

Was soll schon sein.

Entweder er ist da oder er ist es nicht … sieh mal an, völlig schlaftrunken meldet er sich.

Sofie schildert ihm den bisherigen Verlauf der Nacht und bittet ihn vorbeizukommen, um mit seiner Frau zusammen zu klären, ob der Notarzt wirklich ein zweites Mal wegen ihrer Beschwerden verständigt werden sollte?

Während sie mit ihm, spricht geht ein Pieper los, Zimmer 130.

„Ist das schon wieder meine Frau?"

„Ja."

Gut.

Er wird so schnell wie möglich kommen.

Einen Schlüssel fürs Haus hat er ja, damit er seine Frau zu jeder Tages- und Nachtzeit besuchen kann.

Sofie und Beate atmen auf.

Ob er sich nun Zeit lässt oder beeilt, für die Morgenrunde sind sie erst mal gerettet. Sie teilen Frau Schneider die frohe Botschaft mit.

Sie registriert es, schlägt aber weiter mit den Armen um sich.

Das Fenster soll auf, das Radio an, wird sie eben auf ihn warten.

Noch zwei Mal klingelt sie.

Fenster zu.

Radio aus.

„Wo bleibt mein Mann?"

Dann Ruhe.

Wahrscheinlich ist er jetzt da. Ohne diese ständige Klingelei verläuft der letzte Rundgang richtig entspannt. Frau Schneiders Zimmer haben sie sich als letztes aufgespart.

Ja, Herr Schneider sitzt an ihrem Bett.

Nein, auch ihm geht es gar nicht gut.

Kreislaufbeschwerden hat er.

Aber Notarzt und Krankenwagen konnte er seiner Frau wohl ausreden.

Sie schlägt immer noch mit den Armen um sich, sagt, das macht die entsetzlichen Schmerzen erträglicher. Ihre Einlage wird noch einmal gewechselt und sie wird zur Wand gelagert. Im Beisein ihres Mannes wird sie wohl nicht wieder mit den Fäusten dagegen trommeln.

Und vielleicht geht ihrem Mann, der daneben sitzt und zusieht, vielleicht mal auf, was die beiden Nachtwachen immer für ein Gewicht stemmen müssen, wenn sie seine Frau auf ihren Wunsch hin manchmal bis zu fünfmal oder noch mehr in der Nacht lagern müssen!

Ach, was.

Ihm geht wahrscheinlich gar nichts auf.

Er mault ja nur immer rum, wenn nicht all ihre Sonderwünsche erfüllt werden.

Das Personal wird schließlich dafür bezahlt.

Soll er ihr doch ihren ganz persönlichen Pfleger oder ihre Pflegerin bestellen.

Wenigstens hat er heute kein Sterbenswörtchen darüber verloren, dass er wieder mal aus dem Bett geholt wurde. Das ist doch auch schon mal was.

Ohne weitere Störungen beenden sie die Eintragungen in die Pflegedokumentationen und setzen den Kaffee auf. Als eine der ersten vom Tagdienst erscheint Lisa.

Ausgerechnet Lisa.

Die ist immer sehr verwundert, was dieser Nachtdienst für Romane schreibt wegen der Probleme mit Frau Schneider.

Sie selbst hat am Tag nie welche mit ihr.

Das ist ja eben die Krankheit von Frau Schneider.

Man muss geduldig mit ihr sein.

Sehr viel Zeit für sie aufwenden.

Sie einfach so nehmen, wie sie ist.

Das macht Lisa und deshalb habe sie auch keinerlei Probleme mit ihr.

Aber als Beate die Übergabe macht und sagt, dass Herr Schneider wieder seit vier Uhr am Bett seiner Frau sitzt, fällt ihr buchstäblich die Kinnlade runter.

Und während Beate den Bericht der ganzen Nacht vorliest, wird ihr Gesicht immer länger.

Fassungslos klagt sie:

„Oh, mein Gott! Und heute sind wir nur zu zweit bei der Wohngruppe!"

Ach. Dann soll sie es halt mal mit Geduld und Zeit versuchen, denkt Beate.

Als sie nach Hause gehen, sagt Beate zu Sofie:

„Mit Frau Schneider werdet ihr heute Nacht kein Problem mehr haben. Da wird sie in der Psychiatrie oder im Krankenhaus sein. Das kriegt ihr Mann heute bestimmt hin. Schon aus purem Eigennutz. Er will ja auch mal seine Ruhe."

„Dein Wort in Gottes Ohr", sagt Sofie.

Am nächsten Abend hat Sofie mit Nele Dienst. Weil sie das gestern schon gemacht hat, geht sie auch heute wieder hoch zur Übergabe.

Im Flur kommt ihr Holger entgegen, geradewegs aus dem Zimmer von Frau Schneider.

Der ist genervt:

„Sag mal, also, jetzt will sie schon wieder den Notarzt. Dabei war ihr Mann heute bis neun Uhr früh da und dann kam er noch mal am Nachmittag und ist erst um 19 Uhr gegangen. Jetzt geht das schon wieder los mit diesem Notarzt."

Bevor sie ins Dienstzimmer zur Übergabe gehen, stehen sie erst einmal gemeinsam am Bett von Frau Schneider.

Sie ist wirklich immer noch im Haus, Sofie kann es nicht fassen.

Das ist doch genau das gleiche Theater wie gestern.

Ihre Schmerzen sind unerträglich.

Sie schlägt wild mit den Armen um sich. Nur weil ihr Mann so plötzlich weg war, gehen jetzt die grauenhaften Schmerzen wieder los, auf der Stelle braucht sie den Notarzt.

Die komplette Litanei betet sie herunter.

Holger schaut Sofie vollkommen ratlos an und sagt dann zu ihr: „Ruft einfach Herrn Schneider an. Der soll das entscheiden, ob der Notarzt schon wieder zu seiner Frau kommen soll.

Schafft euch einfach die Entscheidung vom Hals. Und tragt das alles mit genauen Zeitangaben in die Pflegedokumentation ein. Das hab ich heute genauso gemacht. Ich setz mir doch keine Laus in den Pelz."

Nein.

Der Herr Schneider wird sich heute nicht noch eine Nacht um die Ohren schlagen.

Dann soll der Notarzt eben in Gottes Namen wieder kommen.

Ja.

Herr Schneider ist die ganze Nacht zu Hause zu erreichen, sollte der Arzt Fragen haben.

Das schreibt Holger alles auf und seufzt erleichtert, als er nach Hause gehen kann.

Kopfschüttelnd hört Nele sich Sofies Bericht von der letzten und dem Beginn der heutigen Nacht an. Auf gar keinen Fall wird sie jetzt sofort diesen Notarzt holen.

Wo ist denn hier überhaupt ein Notfall?

Lächerlich.

Einer der Pieper geht los.

Zimmer 130.

Wieder stehen sie vor der wild mit den Armen um sich dreschenden Frau.

Nele beugt sich zu ihr herunter, hält die Arme fest und redet mit Engelszungen auf sie ein.

Schmerzen. Mann. Notarzt. Notarzt. Schmerzen. Mann.

Was? Heute Nacht wird er nicht kommen?

Nach dieser Auskunft verlangt Frau Schneider sofort ihre Bedarfsmedikation für die Nacht.

Dabei hat sie schon die gesamt Abendmedikation intus.

Nele will ihr das ausreden, aber es ist aussichtslos, Frau Schneider besteht darauf.

Dann bekommt sie die Tropfen eben.

Beim Runtergehen sagt Nele wütend zu Sofie:

„Okay. Wenn wir unten sind, rufen wir den Notarzt. Soll der sich doch mit ihrem Mann besprechen, sollen die doch entscheiden. Aber wir zwei, wir machen jetzt zuallererst mal unseren Rundgang fertig."

Ganz so ruhig wie gestern Nacht ist es heute nicht.

Nach Herrn Gerber im dritten Stock muss öfter geschaut werden, er bekommt ein neues Medikament und verträgt es offenbar nicht so gut. Ihm ist schlecht.

Im Flur vom zweiten Stock geistert Frau Hamm herum, ihre Kleider hat sie vollkommen verquer über- und untereinander gezogen, nein, sie will jetzt nicht ins Bett, gerade ist sie doch erst aufgestanden!

Dann klingelt mittendrin ... na, wer wohl?

Frau Schneider.

Und obwohl Nele und Sofie schon eine ganze Weile in ihrem Zimmer stehen, brüllt und brüllt sie weiter.

Ohne das überhaupt zu bemerken.

Wo bleibt dieser Notarzt?

Ihre innere Sensibilität ist heute derart stark, die bringt sie heute regelrecht um den Verstand.

Der Notarzt.

Wo bleibt er?

Wahrscheinlich bei Menschen, die ihn ungleich viel dringender brauchen als du hysterische Person, kann Sofie sich nicht verkneifen zu denken. Als er dann endlich da ist, sind sie wenigstens schon mit dem ersten Rundgang fertig. Es ist ein anderer als gestern, aber er drückt zuallererst genauso auf dem enormen Bauch von Frau Schneider herum, deren innere Sensibilität sich inzwischen schon wieder in Beschwerden gynäkologischer Art verwandelt hat.

Daraufhin schaut er sich die Latte an Medikamenten an, die sie bisher schon bekommen hat. Den Bedarf, hat sie den auch schon?

Ja, den wollte sie vorhin schon haben, sie ließ es sich nicht ausreden.

Ohne ein Zögern sagt er trocken:

„Dann noch mal 20 Tropfen Tramal."

Statt eines Buscopan-Zäpfchens bekommt sie heute eine Buscopan-Spritze. Und schon will er von dannen ziehen.

Das Gesicht von Frau Schneider spricht Bände. So hat sie sich das mit dem Notarzt auf gar keinen Fall vorgestellt.

Aber er geht.

Während er mit den Nachtwachen auf dem Weg nach unten ist, berichten sie von den letzten Nächten, in denen Frau Schneider die gleichen Probleme gehabt hat.

Einer der Pieper geht los, Zimmer 130, Sofie rennt schnell noch mal hoch.

Frau Schneider möchte jetzt sofort, dass der Notarzt zurückkommt und noch ein Mal nach ihr schaut und dann einen Krankenwagen bestellt, der sie in die Klinik bringt.

Aber er kommt doch gerade von ihr?

Der Arzt kann das nicht fassen, mitleidig schaut er die Nachtwachen an und sagt:

„Mein Gott, mit was Sie sich aber auch alles rumschlagen müssen, wahrscheinlich haben Sie auch so genug zu tun in der Nacht."

Sie sollten erst einmal warten, dann können sie ihn bis morgen früh zu jeder Zeit wieder anrufen. Nur im Augenblick könne er wirklich nicht mehr für Frau Schneider tun.

Jetzt geht sein Pieper los, ein echter Notfall, hastig verabschiedet er sich.

Vielleicht hat er ja recht mit seiner Vermutung und Frau Schneider schläft ausnahmsweise endlich auch mal ein.

Ihre Medikamente hätten jedenfalls einen Elefanten umgehauen für den Rest der Nacht. Tatsächlich.

Erst gegen Ende des zweiten Rundgangs meldet sie sich wieder.

Inzwischen schläft Frau Hamm vom zweiten Stock friedlich und Herr Gerber im dritten schaut Fernsehen.

Er kann nicht schlafen, aber die Übelkeit ist weg, und es geht ihm gut.

Nele und Sofie machen trotzdem die beiden letzten Bewohner im ersten noch fertig.

Das dauert Frau Schneider wahrscheinlich schon wieder zu lange.

Die ganze Zeit schon hören sie sie schreien.

Als sie ins Zimmer kommen, staunen sie nicht schlecht: Das Bett von Frau Schneider steht einen viertel Meter von der Wand entfernt!

Vorhin musste sie auch mal auf die andere Seite in Richtung Wand gelagert werden und ganz sicher hat sie wieder mit ihren Fäusten an die Wand getrommelt.

Unglaublich, was für eine irre Kraft sich aus ihrer Wut entwickelt. Sie behauptet, dass sie die ganze Zeit noch kein Auge zu getan hätte.

Sie behauptet, ihre innere Sensibilität sei nun wieder mit aller Macht zurückgekommen.

Sie behauptet, dass sie vorhin vergessen hätten, das Bett fest zu stellen.

Plötzlich brüllt sie ihnen ins Gesicht:

„Ich halte das nicht mehr aus!"

Auch die Nachtwachen halten das bald nicht mehr aus.

Natürlich war ihr Bett festgestellt.

Sie müssen es ja erst wieder auftreten, um ihre Einlage zu wechseln und sie erneut zu lagern. Dieses Mal mit dem Rücken zur Wand.

Sie verlangt zwei Gläser Wasser, die trinkt sie so schnell hintereinander, dass sie kaum wieder zu Atem kommt.

Und weil ihr das Erleichterung bringt, geht das mit dem Arme-um-sich-Schlagen wieder los.

Die Nachtwachen sollen ihr bloß für heute diesen Notarzt vom Leib halten, der will sie doch nur in die Psychiatrie einweisen.

In ein Krankenhaus will sie jetzt auch nicht mehr.

Da weiß sie ja gar nicht, wie die Schwestern und Pfleger sind, die kennt sie ja nicht.

Nele murmelt:

„Auf keinen Fall so dusslig wie wir."

Sie tragen ihren zweiten Rundgang gerade in die Dokumentationen ein, da klingelt sie schon wieder.

Jetzt macht Frau Schneider sich ausnahmsweise mal Sorgen.

Ob die Nachtwachen denn jedes Klingeln von ihr eintragen?

Klar doch.

Das müssen sie ja.

Mit Uhrzeit.

Ogottogott.

Da wird ihr Mann ihr ja wieder Vorhaltungen machen.

Tja.

Kaum sind Sofie und Nele unten, klingelt sie schon wieder. Nele sagt entschlossen:

„So. Und jetzt wartet sie. Bis wir mit Eintragen fertig sind."

Schweigend schreiben beide.

Unerbittlich leuchtet an der Leiste die Nummer 1 in den leeren Flur, ausgeschaltet und stumm liegen die zwei Pieper auf dem Tisch zwischen ihnen.

Endlich schiebt Nele ihre Pflegedokumentation weit von sich und dann bricht es einfach aus ihr heraus.

„Sofie. Jetzt will ich dir mal was sagen. Dir kann ich das sagen, andere würden das nur in die falsche Kehle kriegen. Solche Besserwisser wie Lisa sowieso. Wir sind nur zwei. Und haben Nacht für Nacht über 80 Bewohner zu versorgen, dabei ist es heute eine relativ ruhige Nacht, ohne Schwerstkranke, ohne jemanden, der im Sterben liegt. Denn da würde ich laufen, so oft ich könnte, um mich wenigstens eine kleine Weile ans Bett zu setzen. Das kannst du mir glauben. Tausendmal lieber als zu dieser hysterischen Person. Mir ist es inzwischen so was von egal, mit was Frau Schneider zugeschüttet wird. Was in den zehn Jahren, die sie jetzt schon im Haus ist, alles in sie reingekippt wurde. Auf ärztliche Anordnung. Auf eigenen Wunsch. Eine Elefantenherde hätte das inzwischen schon lahmgelegt. Ein Wunder, dass ihre inneren Organe das überhaupt mitmachen. Ich kann sie jedenfalls nicht mehr sehen. Ich kann nicht mehr. Sie kann dich herumschikanieren, wie sie will. Bis obenhin hab ich das satt. Was immer ihr Problem ist, ich will es gar nicht wissen. Kein Arzt kriegt das auf die Reihe, auch in der Psychiatrie nicht, im Krankenhaus erst recht nicht. Austherapiert. Wenn ich das schon höre. Immer geht es mal eine Weile gut und dann geht das ganze Theater wieder von vorne los. Dann haben wir sie in den Nächten wieder an der Backe. So. Das musste ich jetzt mal loswerden. Und jetzt gehen wir hoch und hören, was Frau Schneider sich jetzt wieder für uns ausgedacht hat." Ende.

Aber nicht Ende dieser endlosen Geschichte.

Unheimlich

Weil Herr Starm manchmal fürchterlich ausrasten kann, ist es besser, sein Zimmer in der Nacht nur zu zweit zu betreten. Niemand weiß, wann und wieso er eigentlich überhaupt manchmal so ausrastet.

Dick ist er geworden in der letzten Zeit, merkwürdigerweise scheint auch sein Kopf gewachsen zu sein, der ist rund wie ein Kürbis.

Wenn er spricht, kommen die Worte merkwürdig verzögert aus seinem Mund.

Er schaut einen mit einem seltsam erstarrten, eiskalten Blick an.

Keiner möchte ihm sehr nahe kommen oder ihm gar den Rücken zukehren.

Es lässt sich aber in der Nacht nicht vermeiden, Bettwäsche, Schlafanzug und Einlage zu wechseln, wenn er eingenässt ist, das muss einfach sein.

Da ist er kaum zu bändigen.

Himmelangst kann einem werden bei seinem Gebrüll:

„Haut ab! Ihr Arschlöcher! Haut endlich ab! Idioten! Drecksäue, was macht ihr denn? Haut ab, haut ab, haut ab!"

Von hier auf jetzt kann er in diesen Zustand geraten.

Es grenzt jedes Mal fast an ein Wunder, dass die Nachtwachen mit vereinten Kräften die nassen Klamotten überhaupt von seinem Körper herunterkriegen.

Kaum hat er wieder trockene Sachen am Leib, wartet er geduldig, bis auch sein Bett frisch bezogen ist, und legt sich wortlos rein.

Alles Friede, Freude, Eierkuchen, als wäre kurz vorher gar nichts gewesen.

Einmal kommen Anna und Sandra herein und er sitzt im total dunklen Zimmer auf der Bettkante und sie hören gerade noch, wie er ganz laut mit sich selbst spricht und sagt:

„Wie bin ich nur hierhergekommen? Ach so. Eigentlich bin ich ja gar nicht hier."

Sie knipsen das Licht an.

Sein Mitbewohner schläft und schnarcht in schönster Regelmäßigkeit vor sich hin.

Herr Starm blinzelt zuerst wegen der plötzlichen Helle, dann starrt er die Nachtwachen durchdringend an und philosophiert weiter:

„Ich bin ganz genau 387 Jahre alt. Weiß aber keiner. Nur ich. Das hier kann nicht mein Bett sein. Und Sie? Wer sind Sie denn überhaupt? Gesehen hab ich Sie schon mal. Alle beide. Aber das war früher, ganz früher, das ist schon so lange her …"

Niemand traut ihm über den Weg, auch Oskar nicht, mit dem hatte Anna neulich Dienst.

Von Herrn Starm geht etwas Bedrohliches aus.

Andererseits kann man sich nur wundern, dass er nicht ständig Streit mit seinem Zimmernachbarn anfängt. Die beiden Männer sprechen nur das Nötigste miteinander, auf engstem Raum leben sie nebeneinander her wie zwei Roboter.

Der Mitbewohner trägt den ungewöhnlichen Namen Flockenwein.

Einmal sagte eine Bewohnerin, die zum Frühstück in den Speisesaal gekommen war:

„Guten Morgen, Herr Fleckenschwein!"

Er kriegte das gar nicht mit, während die anderen fast unter dem Tisch lagen vor Lachen.

Er ist ein sehr seltsamer Mann, äußerst schweigsam.

Wenn die Nachtwachen ihn zur Toilette führen, so sitzt er da und starrt sie mit großen Augen an und grinst von einem Ohr zum anderen.

Wenn er dann wieder aufsteht, will er sofort geradeaus laufen, was ihn aber nicht aus dem Bad führt, er muss nach rechts aus dem Bad zu seinem Bett, also packen sie ihn an den Schultern und sofort marschiert er los nach rechts, noch eine Drehung, links, zu seinem Bett.

Egal, in welche Richtung man ihn dreht, sofort marschiert er ohne Zögern los.

Er bewegt sich, als hätte er einen großen Schlüssel zwischen den Schulterblättern.

Das reinste Aufziehmännchen.

Die Zimmertür ist offen und eine der Nachtwachen geht schon mal vor ins Nachbarzimmer.

Prompt spaziert Herr Flockenwein hinterher.

An den Schultern fassen, eine Drehung und er geht durch die offene Tür zurück.

Dann unbedingt folgen und Richtung Bett drehen.

Kaum sieht er das, marschiert er drauflos, legt sich hinein, deckt sich zu und schaut mit großen Augen – ein Clownsgrinsen auf seinem Gesicht.

Das ist einfach so.

Jedem, der dieses Zimmer mit seinen zwei Bewohnern betritt, wird etwas mulmig.

So richtig erklären kann es keiner.

Jedenfalls geht in der Nacht niemand von den Nachtwachen alleine rein, immer nur zusammen.

Unheimlich.

Irgendwie unheimlich.

INRI

PFLEGERIN breitet ein dünnes Laken über Frau Sommer aus und sagt:

„So, Frau Sommer. Nun liegen wir aber sehr schön für die Nacht. Jetzt nur noch trinken. Bitte. Sie haben eine lange Nacht vor sich. Es ist sehr schwül. Viel, viel trinken müssen wir deshalb. Bitte. Wir wollen doch jetzt ganz brav sein. Dieses Wasser tut Ihnen gut. Sie brauchen sich auch keine Sorgen zu machen wegen dem Zur-Toilette-gehen. Sie haben jetzt eine Tena an für die Nacht. Wenn sie nass ist, wird sie ganz einfach von uns gewechselt. Bitte. Trinken. Das ist sehr wichtig."

PFLEGERIN denkt:

Hört sie mich denn überhaupt? Ich weiß nie, ob sie mich wirklich nicht hört oder ob sie nur so tut. Sie spricht jedenfalls nie. Kann sie nicht? Will sie nicht? Wie krieg ich das nur hin. Ich muss sehen, dass sie unbedingt was trinkt. Bekomm den größten Ärger, wenn nichts hier auf dem Einfuhrplan steht. Wie soll ich es denn machen, wenn sie nicht will. Ich kann ihr doch nicht den Schnabelbecher in den Mund rammen und die Nase zuhalten. Manche machen das, ich kann's mir vorstellen. Sieht ja keiner. Ich kann das einfach nicht. Na. Jetzt hat sie doch zwei Schlückchen getrunken in Milliliter soll man das eintragen. Blödsinn. Ich schreib jetzt einfach: 2 Schluck.

PFLEGERIN:

„Das haben wir aber jetzt ganz brav gemacht. Danke schön. Gute Nacht, Frau Sommer. Jetzt können wir aber gut einschlafen. Ich lasse Ihnen das Licht im Bad an und die Tür einen Spalt breit auf. Gute Nacht."

FRAU SOMMER brüllt:
„Whaaa!"

PFLEGERIN:
„Aha. Wir hören also doch, wenn ich was sage. Und auch verstehen tun wir's. Gut. Dann mache ich das Licht eben wieder aus."

FRAU SOMMER brüllt:
„Whaaa!"

PFLEGERIN:
„Na, was denn jetzt. Aus? An?"

FRAU SOMMER schweigt.

PFLEGERIN denkt:
Mit ihr ist das doch immer dasselbe. Ich bin mir nie sicher. Kriegt sie was mit? Kriegt sie nichts mit? Sie spricht ja nicht mit unsereinem. Mit niemandem. Will sie nicht? Kann sie nicht? Ach, Mensch. Jetzt lass ich das Licht einfach an.

PFLEGERIN sagt:
„Schlafen Sie schön. Gute Nacht, noch einmal, Frau Sommer."
Sie macht die Tür auf, geht raus, macht sie hinter sich zu.

Sofort brüllt FRAU SOMMER wieder:
„Whaaa ...“

PLEGERIN reißt die Tür auf:
„Also wirklich, Frau Sommer. Was haben wir denn jetzt? Was soll denn das Geschrei? Es ist Nacht, und Sie wecken das ganze Haus auf!“

FRAU SOMMER brüllt:
„Whaaa ...“

PFLEGERIN, jetzt wirklich genervt:
„Also gut, mach ich das Licht eben aus.“

FRAU SOMMER schweigt.

PFLEGERIN sagt:
„Jetzt ist Schluss. Gute Nacht. Wir schlafen jetzt und schreien nicht mehr. Wenn was ist ... Sie haben die Klingel in Reichweite. Um zwei Uhr komm ich wieder mit Katrin zum Lagern. Bis dann. Gute Nacht, Frau Sommer.“

Sie geht, eine kleine Weile lauscht sie noch, aber hinter der Tür bleibt alles still.
Sie rennt ihrer Kollegin hinterher, zusammen müssen sie noch den ersten Rundgang dieser Nacht beenden.

FRAU SOMMER kichert lautlos in ihr Kopfkissen.

So lange wurstelt sie in ihrem Bett herum, bis das Lagerungs-kissen zwischen ihren Knien und das im Rücken weggescho-ben ist.

Jetzt endlich liegt sie bequem auf dem Rücken und spricht ganz leise vor sich hin hoch zur Zimmerdecke:
„Jetzt hätte die mich doch glatt schon wieder so liegen lassen. Mit dem Gesicht zur Wand. Ich hasse das, mit dem Gesicht zur Wand. Und immer lassen sie das Licht im Bad an und die Tür einen Spalt auf. Als ob ich mich im Dunkeln fürchten würde. Ich fürchte nix und niemanden mehr. Weder im Hel-len noch im Dunkeln. Und dann fällt dieses Licht aus dem Bad immer auf den INRI da. Und wenn ich auf der linken Seite liege, habe ich den die ganze Zeit vor Augen. So ein Kruzifix hängt hier im Haus über jedem gottverdammten Bett. Was denken die sich eigentlich dabei? Ich kann sowieso meis-tens kein Auge zutun und immerfort muss ich auf diesen INRI starren. Wie er da hängt. Mit seinem Lendenschurz. Mit sei-nem Schamtüchlein. Eine Zumutung ist das. Und dann die immer mit ihrem WIR WIR. Was soll denn das? WIR müssen trinken, essen, schlafen, was weiß denn ich? WIR ... bin ich der Papst?
Die Frau Sommer hier legt überhaupt keinen Wert auf den Pluralis Majestatis. Die Frau Sommer ist eine uralte Frau und der genügt die Einzahl. Frau Sommer. Und Sie. Punkt. Schluss. Und natürlich kann ich alles hören. Ich bin ja nicht taub. Frü-her, da haben die mich immer zugequatscht, so von wegen, was ich alles machen soll. In den Singkreis soll ich gehen und in die Gymnastik und in den Erinnerungszirkel, und als sie

diesen blöden Hund angeschafft haben, auch einmal in der Woche zur Streichelstunde. Und natürlich kann ich auch sprechen. Aber nicht mit denen. Seit die denken, dass ich nicht mehr höre und nicht mehr spreche, komme ich viel besser rum mit allem. Muss mich nicht mehr derartig anstrengen. Auch keine Diskussionen mehr über mich ergehen lassen. Nur diesen dämlichen INRI werde ich nicht los. Morgens, mittags, abends und in der Nacht hab ich den vor Augen. Ich kann ja nicht mehr aus meinem Bett aufstehen und einfach weggehen, damit ich den nicht mehr in meinem Blickwinkel habe. Meine Beine sind so krumm. Mit der Zeit sind die vollkommen unbrauchbar geworden. Drauf stehen kann ich überhaupt nicht mehr. Sogar im Sessel sitzen ist unmöglich. Deswegen lagern die mich ja auch jede Nacht dreimal und zerren an mir rum wie nicht gescheit, denn ich rühre keinen Finger, um es ihnen leichter zu machen. Aber ihre Mühe ist für die Katz. Ich schaff mich ja doch immer wieder auf den Rücken. Das war und ist und bleibt meine Schlaflage. Da können die mich lagern, so viel sie wollen."

FRAU SOMMER kichert und summt ganz leise „Schlaf, Kindchen, schlaf" vor sich hin, dann brüllt sie plötzlich wieder los: „Whaaa …"

Und wieder flüstert sie ganz leise hoch zur Zimmerdecke: „Ja, als ich hier ins Haus kam, hatten sie kaum Arbeit mit mir. Da hab ich alles noch selbst gemacht. Und jetzt denken sie sowieso, ich bin wirr im Kopf. Ich und wirr im Kopf! Mein ganzes langes Leben lang war ich nie klarer als jetzt. Lass sie doch ruhig denken, ich hab sie nicht mehr alle. Das ist gut. Guuut ist das. Zusammennehmen brauche ich mich überhaupt nicht mehr. Ich kann mich so unmöglich aufführen, wie ich nur will, wenn's mir gefällt, kann ich einfach losbrüllen (sehr laut):

„Whaaa …"

Und ich lasse jetzt einfach alles unter mich laufen. Brauche nicht mehr diese dreimal blöde Bettpfanne. Und wenn ich meine Windel bekackt habe, zieh ich die aus und schmiere denen das ganze Bett voll. Die müssen mich auch füttern, und wenn es mir nicht schmeckt, spucke ich denen das ganze Essen einfach ins Gesicht. Denn ich bin nicht mehr verantwortlich für das, was ich tue. Kann ich ja gar nicht mehr sein. Wo ich sie doch nicht mehr alle habe. Ich bin garstig. Widerwärtig. Ein richtiges Ekelpaket. Ha. Was für eine Wohltat. Die Strafe ist, dass ich jetzt schon jahrelang unter diesem INRI liege. Sein Elend über meinem Elend. Hundert Jahre alt will ich werden. Mit ansehen, wie die Schwestern und Pfleger sich ihre jungen Rücken an mir kaputtmachen. Sich an meinem Dickkopf die Zähne ausbeißen. Vor Überdruss und Erschöpfung und Wut nicht mehr anders können, als nur noch weinen (sehr laut):

„Whaaa, whaaa …"

Noch ein paar Mal kann ich so brüllen. Die kommen nicht mehr sofort angerannt wie früher. Die warten erst ab, ob ich nicht doch noch einschlafe. Manchmal tue ich ihnen den Gefallen. Manchmal nicht. Kommt ganz drauf an, wer Nachtdienst hat. Diese Katrin, die nachher mitkommt, die glaubt immer, sie ist mir über. Und auch die vorhin da war, deren Name mir gerade nicht einfällt, die auch. Wollen aus mir ein folgsames, dusseliges Schaf machen. Aber an mich, da kommt keiner mehr ran. Mein ganzer Körper ist verbogen. Aber mich, Frau Lieselotte Sommer, mich kann keiner mehr verbiegen, das schafft niemand. Ach, INRI. Nur dich, dich will ich nicht mehr sehen. Aber die, ums Verplatzen hängen die dich nicht ab. In jedem Zimmer über jedem Bett in diesem katholischen Haus hängst du. Als wäre das von Anbeginn der Welt an ein Naturgesetz. Könnte da nicht einfach ein ganz schlichtes Kreuz hängen? Nein. Es muss immer dieser nackte Mann mit seinem geschundenen Adonis-Körper sein, der einem vor der Nase baumelt. (Kichert.) Ich kann nichts dafür, wenn ich manchmal unreine Gedanken kriege, sobald ich mir bei dem INRI das Schamtüchlein wegdenke. Damals hab ich's noch gebeichtet. Als ich jung war. In jener längst vergangenen Maiandacht. Der Priester hat mich deswegen zum Vaterunser- und Rosenkranz- beten verdonnert und gesagt, das sei Blasphemie. Aber es waren und sind doch nur weibliche Gedanken. Sie tun nie- mandem weh. Was einige diese feisten, scheinheiligen Kir- chenmänner mit manchen Kindern anstellen, das tut weh. Wir haben hier einen ganz liebenswürdigen Pfarrer. Der würde sich wundern, was ich manchmal denke. Das sag ich aber nicht. Beichte ich ihm auch nicht. Möchte nicht wissen, was der beim Anblick einer wunderschönen Madonna manchmal denkt. Kriegt wahrscheinlich ganz rote Bäckchen, der Kleine. Gerät in Ekstase wie die Hl. Theresia, wenn er sich vorstellt, was unter den Kleidern steckt. Ist eben auch nur ein Mensch.

Ist von Gott so geschaffen. Schadet ja keinem. Aber geht mir doch weg mit diesem INRI. Der hängt an jedem Rosenkranz. Wird ständig von den alten Betschwestern befingert."

FRAU SOMMER brüllt so laut, wie sie nur kann:
„Whaaa! Whaaa! Whaaa!"

Und sie denkt:
Ich werde jetzt noch ein paar Mal brüllen. Dann kommt eine von den beiden Nachtwachen angerannt. Regt sich auf. Schreit mich an. Gibt mir Tropfen, damit ich endlich schlafen soll. Aber die spucke ich ihr ins Gesicht. Wenn der hübsche Pfleger heute Nacht da wäre, würde ich das nicht tun. Der große Dunkle. Den mag ich. Der erzieht auch nicht dauernd an mir rum. Er sagt nie OMA zu mir oder WIR. Der behandelt mich zuvorkommend. Wie man eine Dame eben behandelt. Auch wenn ich hier so liege und auf seine Hilfe angewiesen bin. Und er ist der Einzige, mit dem ich rede. Aber nur, wenn er alleine zu mir ins Zimmer kommt. So wie die Nachtwache vorhin. Er hat mir versprochen, dass dies ein Geheimnis zwischen uns bleibt. Und ihm werde ich auch sagen, dass ich diesen INRI loswerden will. Wenn schon was Christliches im Zimmer sein muss, dann will ich einfach ein schlichtes Kreuz. Obwohl ich auch das nicht brauche, wenn ich an Gott denken möchte. Oder zu ihm beten will. Dieser INRI lenkt mich nur ab von Gott. Von diesem Gott, der mich versteht und mir deshalb auch verzeihen wird. Er ist gnädig. Er ist barmherzig. Er sieht in meine Seele. Nur Gott weiß, warum ich am Ende meines Lebens so eine unausstehliche Person geworden bin.

Und wieder brüllt FRAU SOMMER so laut, wie sie kann:
„Whaaa! Whaaa! Whaaa!"

Herr

Es ist schade, dass bei den meisten Bewohnern eines Altersheimes in der Spalte Beruf fast immer nur Rentner steht. Bei manchen hätte man schon gerne gewusst, was sie früher mal gewesen sind und was sie gearbeitet haben. Vielleicht könnte man sich dann doch einiges in ihrem Verhalten besser erklären.

So zum Beispiel bei Herrn van Dongen.

Man erzählt sich, er sei mit einer Afrikanerin verheiratet gewesen, hätte auch lange in Afrika gelebt und sei sehr reich.

Woher kommt dieses Gerücht?

Niemand weiß es.

Aber es muss ein Gerücht sein.

Reiche Damen und Herren leben in anderen Häusern als in diesem hier.

Und dennoch …

Maßanzüge hängen in seinem Kleiderschrank, Dreiteiler mit Weste.

Man erzählt sich auch, er hätte, als er hier einzog, Unterwäsche, Hemden, Socken, Schlafanzüge und Hausmäntel aus Seide gehabt.

Aber dann fing er an, sich ab und zu einzunässen.

Die Wäscherei weigerte sich, seine Sachen ständig extra zu waschen.

Jetzt sind sie aus Baumwolle, aber die Maßanzüge hängen nach wie vor im Schrank.

Welcher Schicksalsschlag war es wohl, der diesen Herrn zu all den Männern, die in diesem Haus leben, geführt hat?

Denn ein Herr ist er, ein sehr feiner Herr.

Und wahnsinnig gebildet und belesen.

Muss er ja sein, sonst würde das eine ganze Wand einnehmende Bücherregal, das vom Boden bis zur Decke geht, nicht in seinem Zimmer stehen.

Dicke teure Kunstbände finden sich darin und in weiches Saffianleder gebundene Klassiker.

Direkt daneben steht ein Sekretär, dessen Schreibfläche immer aufgeklappt ist.

Darauf liegt ein Stapel DIN-A4-Papier, ein Notizblock und daneben ein Füller.

Aber nie sah ihn jemand daran sitzen, geschweige denn etwas schreiben.

Aber an dieses Stillleben darf niemand rühren, und wenn doch, bringt er es kopfschüttelnd und stumm wieder in die ursprüngliche Anordnung.

Bei ihrem Morgenrundgang treffen die Nachtwachen Herrn van Dongen oft schon unter der Dusche an. Wenn sie dann nach Hause gehen, sitzt er im Sommer manchmal komplett angezogen auf der Terrasse, im Winter in der Sitzecke am Ende des Flurs.

Ein piekfeiner Herr in Hemd, Schlips, Weste, Anzug.

Er sieht keinesfalls wie ein Bewohner aus, sondern eher wie ein sehr früher Besucher.

Unlängst hatten sie ihn in der Nacht völlig eingenässt in einer Urinpfütze mitten in seinem Zimmer stehen sehen.

Hilflos.

Voll Scham.

Wie auf einen kranken Hund hatten die Nachtwachen auf ihn eingeredet.

Dass er sich doch nicht zu schämen braucht.

Dass dies hier ähnlich einem Krankenhaus ist.

Dass sie so eine Art Krankenschwester sind und ihm gerne helfen.

Er kann nichts dafür, er hat keine Schuld.

Noch nie hat er gegen jemanden die Hand erhoben.

Nie jemanden angebrüllt oder einfach so herumgebrüllt.

Immer ist er sehr freundlich und ausgesucht höflich.

Aber so unglücklich, so grenzenlos unglücklich wie ein Mensch nur sein kann.

Weil er nun einmal zu der Person geworden ist, die er selbst nicht mehr kennt.

Es scheint so, als würde er ganz genau begreifen, was allmählich mit ihm geschieht.

In jedem anderen Zimmer gibt es zum Beispiel einen Festnetz-Anschluss fürs Telefon.

Es steht gewöhnlich auf dem Nachttisch.

In seinem steht kein Telefonapparat mehr.

Früher telefonierte er von morgens bis abends mit Verwandten und Bekannten, die weit verstreut in allen Winkeln der Welt zu leben scheinen.

Noch niemals hat er Besuch bekommen.

Das Schreckliche daran ist, dass er immer häufiger gar nicht mehr verständlich sprechen kann, die Worte kommen einfach nicht mehr korrekt aus seinem Mund heraus.

Und wenn dann doch noch einigermaßen, dann reiht er sie vollkommen sinnlos aneinander.

Dann kommt Gebrabbel heraus.

Er weiß das.

Kann es aber nicht ändern.

Was tut er in all seinem Elend?

Er geht sehr oft am Tag runter an die Pforte und treibt sich in der Nähe der Telefonzelle herum.

Diese Telefonzelle ist sehr stark frequentiert, aber manchmal ist sie auch schon mal für lange Zeit frei und dann stürzt er sofort hinein und beginnt ein Telefonat nach dem anderen.

Die Menschen am anderen Ende müssen denken, da redet einer Chinesisch, Suaheli oder ist ganz einfach vollkommen verrückt.

Was ja in gewisser Weise auch so ist.

Es ist nicht zu glauben.

Dieser hilflose, konfuse Mensch hat so viel mitzuteilen.

Nur verstehen kann ihn niemand mehr.

Dabei sieht er so kompetent und völlig normal aus.

Wenn er nicht spricht.

Als Karena und Oskar neulich zum Nachtdienst kamen, wunderten sie sich, weil in der gesamten Wohngruppe die braunen Namensschilder an den Türen fehlten.

Herr van Dongen hatte ganze Arbeit geleistet.

Er hatte eins nach dem anderen abgerissen.

Vom Tagdienst kriegte das zuerst keiner mit, begonnen hatte er im hinteren Teil des Flurs, da wo er nicht so gut einsehbar ist. Mit größter Sorgfalt und in aller Ruhe konnte er dabei zu Werke gehen.

Da sie nur geklebt waren, wie in den anderen Wohngruppen auch, war es ein Leichtes, mit einem einzigen Ruck waren sie ab.

All die Plastikschilder klemmte er sich unter den Arm und war den Flur rauf und runter spaziert.

Sehr zufrieden hätte er ausgesehen, wie nach einer gut gelösten Aufgabe.

Jetzt sind wieder neue Schilder dran, aber festgeschraubt.

Und inzwischen hat er es aufgegeben, daran zu rütteln und zu zerren.

So manches Mal ist der Arme wie weggetreten.

Dann steht er im Bad vor der Toilette und weiß überhaupt nicht, was er da eigentlich soll.

Oder vor seinem Bett und weiß nicht, wozu das nun wieder gut sein soll.

Aber am erbarmungswürdigsten ist er, wenn er ab und zu lichte Momente hat und wahrscheinlich tief im Inneren begreift, was mit ihm vorgeht.

Fast ist man versucht, ihm zu wünschen, er hätte solche Augenblicke überhaupt nicht mehr.

Es kommt vor, dass er auf der Bettkante sitzt und seine Sprache ist dann wieder wunderbar klar und verständlich und er sagt in seinem schönen dialektfreien Hochdeutsch leise zu sich selbst:

„Ich bin hier unter Blöden. Ich muss mich einfach darauf einstellen, auf dieses Blödsein. Ich muss die Blödheit akzeptieren, sonst gehe ich hier ein!"

Dann möchte man sich neben ihn setzen, den Arm um ihn legen und weinen vor grenzenlosem Mitleid.

Rücksichtslos

Wie kann man das der gesamten Wohngruppe im zweiten Stock nur zumuten.

Ganz zu schweigen seinem Zimmernachbarn.

Und allen anderen in der Nacht.

Einschließlich den Nachtwachen.

Sie leben in ständiger Angst, dass nicht in irgendeiner Nacht dieses ganze Arrangement in die Luft fliegt.

Dieser Herr Kornfeld braucht wegen seiner kaputten Lunge ein Beatmungsgerät.

Alles klar, soll er ja auch haben, wenn es ihm hilft.

Aber unter diesem unsäglichen Ding sitzt er, einen Stöpsel in jedem Nasenloch und verqualmt mit der Zigarette, die er beinahe ständig im Mund hat, die für ihn doch so lebensnotwendige Atemluft.

Am Tag leidet nur sein Mitbewohner stumm.

Der hat seit Jahr und Tag kein Wort mehr von sich gegeben, und so weiß auch niemand, was er überhaupt mitbekommt.

Aber bei dem Lärm, den diese Maschine macht, muss er sich vorkommen wie in einer Art Vorhölle.

Außerdem liegt er auch noch im Durchzug, Herr Kornfeld besteht darauf, dass Fenster und Tür sperrangelweit aufgerissen sind.

Kuriosum: Angeblich kriegt Herr Kornfeld sonst nicht genug Luft zum Atmen.

In allen Zimmern ist striktes Rauchverbot.

Ab und zu darf in der Sitzecke im Flur schon mal geraucht werden.

Ab und zu.

Herr Kornfeld sitzt jede Nacht da.

Qualmt eine Zigarette nach der anderen weg.

Krrrpf krrrpf krrrpf dröhnt dieser Beatmungsapparat durch den ganzen Flur.

In der Stille der Nacht ist er noch lauter als am Tag.

Aber Herrn Kornfeld kümmert es einen Dreck, wenn er damit alle stört und viele um den Schlaf bringt, es kümmert ihn einen Dreck, wenn die Nachtwachen ihn darauf hinweisen, wie gefährlich es ist, unter dieser Maschine zu rauchen.

„Sie haben mir schon mal überhaupt nichts zu sagen. Was ich brauche, brauche ich!"

Ist er dann doch endlich im Bett, dröhnt sein Fernseher in voller Lautstärke los.

Seine Maschine macht so einen unmenschlichen Krach.

Wie soll er denn sonst was hören?

Und weil er sich wieder mal über die Ermahnung der Nachtwachen geärgert hat, kippt er seinen Tee, seine Limo, egal was, einfach vors Bett und schmeißt die nasse Einlage dazu.

Immer lässt er von seinem Abendbrot etwas übrig, um es in der Nacht zu essen.

Manchmal nimmt er auch was in die Sitzecke mit.

Aschenbecher benutzen?

Er doch nicht.

Er drückt seine Zigaretten in den Speiseresten auf dem Teller aus.

Wenn er dann im Bett liegt, verteilt er die halb gegessenen Butterbrote, Käse, Wurst, geschältes Obst mitsamt den ausgedrückten Kippen über Nachttisch und Bett.

Irgendwann in der Nacht klingelt er dann:

„Machen Sie mal das Fenster auf. Ich ersticke ja hier drinnen. Und das hier, das ist ja der reinste Saustall. Räumen Sie diese Schweinerei mal weg."

Gebieterisch zeigt er auf Bett und Nachttisch.

Ja.

So ist Herr Kornfeld.

Kein Bitte.

Kein Danke.

Nur ein gehässiges:

„Dafür werden Sie schließlich bezahlt!".

Krrrpf krrrpf krrrpf macht das Beatmungsgerät.

Das Mitleid hält sich in Grenzen.

Er ist arm dran und er bekommt die notwendige Pflege wie alle anderen Bewohner.

Aber mögen?

Mögen muss man ihn nicht.

Hunger

Rajani und Katrin hatten gestern schon zusammen Dienst, es war eine der seltenen ganz normalen Nächte ohne besondere Vorkommnisse.

Deshalb ist es auch gar nicht schlimm, wenn der Tagdienst es heute besonders eilig hat wegzukommen, alle schwirren ab zu Utes Geburtstagsfest. 30 wird sie und das will ordentlich gefeiert werden.

Am Tisch im Dienstzimmer sitzt nur noch Wolfgang und hält die Stellung:

„Na, wenn ihr gestern schon da wart … Inzwischen ist außer dem Üblichen nichts Weltbewegendes passiert. Vorhin lief Frau Schmiedel ratlos in ihren nassen Klamotten im Flur herum, sie hatte es nicht mehr zur Toilette geschafft. Ich hab sie beruhigt, ihr Nachtzeug angezogen und in ihr Bett gebracht, nach der müsst ihr bitte noch mal gucken. So, dann geh ich auch mal los zur Ute. Ach so. Die oben hatten Teamsitzung und haben euch ihre ‚Überreste‘ hingestellt. Falls ihr in der Nacht Hunger kriegt."

Mitten auf dem Tisch steht ein Teller mit belegten Broten, hübsch mit Gürkchen verziert und sorgfältig mit Klarsichtfolie abgedeckt.

„Passt nur auf, dass euch keiner wegläuft. Na denn. Ruhige Nacht!"

Vor sich hin pfeifend macht er sich davon.

Rajani zeigt Katrin ihre neuen Ohrringe.

Sie baumeln rechts und links an ihren Ohren wie kleine rundliche Glöckchen.

Sie ist Inderin, katholisch getauft, liebt Goldschmuck, ist ausgebildete Krankenschwester und arbeitet schon viele Jahre als Nachtwache in diesem Haus.

Wenn Katrin sagen würde, dass sie generell lieber mit einer Krankenschwester an ihrer Seite wacht als mit einer Altenpflegerin, dann wären die wahrscheinlich beleidigt.

Als Pflegehelferin ist sie auf die Kompetenz ihrer Partnerin angewiesen, sie sind ja nur zu zweit in der Nacht.

Katrin fühlt sich sicher mit Rajani.

Rajani beginnt gerade damit, die Nachtmedikationen für die Bewohner zu richten.

Das darf Katrin sowieso nicht und da jetzt definitiv alle aus dem Haus sind, geht sie und macht inzwischen die Pforte dicht. Keiner kann mehr raus, keiner kommt mehr rein.

Sie öffnet ein Fenster, lehnt sich raus, eisige Kälte dringt herein und sie schließt es sofort.

Draußen ist es still.

Manchmal, so wie jetzt, kommt es ihr vor, als würde die Nacht auf etwas warten.

Auch das ganze Haus mit seinen vielen Bewohnern ist so still, als sei es gänzlich unbewohnt.

Sie geht über das Treppenhaus hoch in den zweiten Stock, den Flur entlang, an all den geschlossenen Türen vorbei, hinter jeder Tür ein oder zwei schlafende Menschen.

Auch Frau Schmiedel ist in ihrem Bett geblieben und schläft jetzt friedlich.

Jetzt noch zu Frau Wagner im ersten Stock, die wie jeden Abend in ihrem Lieblingssessel vor dem Fernseher eingeschlafen ist. Also ausziehen, Nachthemd an, nochmal zur Toilette und ab ins Bett.

Gerade ist Katrin wieder im Dienstzimmer im Erdgeschoss gelandet und will nach dem Teller mit den Broten greifen, um ihn im Kühlschrank in der Küche unterzubringen.

„Warst du nicht noch mal nach Frau Schmiedel gucken?"

„Doch. Die schläft. Warum?"

Rajani stopft sich die Schürzentaschen voll mit Gummihandschuhen und zeigt auf die Leiste im Flur. Da leuchtet die 2 und als sie die Pieper aus den Ladestationen nehmen, geht einer davon los. Aber im zweiten war Katrin doch gerade eben?

Zusammen gehen sie hoch, Zimmer Balzer/Liese, Herr Balzer klingelt doch nie und Herr Liese ist erst seit zwei Tagen da.

Als sie ins Zimmer kommen sitzt Herr Balzer auf der Bettkante und zeigt stumm auf das leere Bett von Herrn Liese.

Und wieso ist bei dem denn das Bettgitter unten?

Sehr nah schreit plötzlich ein Mann und Katrin stürzt ins unbeleuchtete Bad.

Als sie das Licht anknipst, sieht sie auch Herrn Liese.

Er hockt unter dem Waschbecken.

Die Beine wie Klappmesser an den Körper gepresst schaut er mit weit aufgerissenen Augen zu ihr auf, knetet sein Handgelenk und schreit Ach und Weh.

Jetzt steht auch Rajani neben Katrin und sagt kopfschüttelnd: „Mensch. Die haben bei ihm das Bettgitter nicht hochgemacht!"

Sie packen den Mann mit vereinten Kräften unter den Achseln und versuchen, ihn hochzuziehen. Das geht zum Glück und sie machen sich mit ihm auf den Weg zu seinem Bett. Urplötzlich knickt er dabei in den Knien zusammen. Das ist so seine Eigenart.

Auch beim Tenawechseln macht er das so.

Und zwar mit einer affenartigen Geschwindigkeit.

Es ist erst seine zweite Nacht hier im Haus und er ist überglücklich, weil er jetzt endlich in einem Altersheim am Wohnort seines Sohnes untergebracht ist.

Bekannt ist, dass Herr Liese in der Nacht gerne aufsteht, aber dabei meistens hinfällt.

Als er kam, war er übersät mit Blutergüssen.

Deshalb braucht er die Bettgitter an den Seiten.

Er weiß das und akzeptiert das auch.

Nur müssen die auch hochgezogen sein!

Soweit sie das sehen können, scheint er keine weiteren Verletzungen zu haben.

Während sie ihm seine Klebewindel wechseln, knetet er leise stöhnend sein Handgelenk.

Dadurch tut ihm das wahrscheinlich noch mehr weh.

Katrin holt aus dem Tiefkühlfach in der Küche eine Eiskompresse.

Mit einem kleinen Handtuch und einer Binde wickelt Rajani sie sorgfältig um das schmerzende Gelenk.

Wenn sie jetzt schon mal im zweiten Stock sind, können sie hier auch mit ihrem ersten Rundgang anfangen.

Als sie mit der Wohngruppe fertig sind, schauen sie noch mal nach Herrn Liese.

Er schläft, die Kompresse ist noch an ihrem Platz, die Bettgitter sind jetzt oben, Windel noch an. Ganz beruhigt versorgen sie alle anderen Bewohner und landen so um ein Uhr wieder unten.

Sie waschen sich gerade die Hände, als ein Pieper losgeht.

Katrin steckt die Nase in den Flur, der erste Stock, sie macht sich auf den Weg.

Es ist schon besser, erstmal zu schauen, dann einen gewaltigen Schluck Kaffee zu nehmen und die leckeren Brote …

Frau Wardenich hat die Klingel gedrückt.

Sie ist eine widerlich neugierige Person.

Dick, bleich und missgünstig thront sie in ihrem Bett.

Niemand ist vor ihren Argusaugen sicher, ob bei Tag oder in der Nacht.

Sie kann wegen ihrer Arthrose angeblich kein Auge zu tun, registriert alles und prangert jeden kleinsten Fehler lautstark an:

„Ich klingele hier nun schon seit einer halben Stunde!"

Na, das kann ja gar nicht sein.

„Frau Günther, die macht so komische Geräusche. Also, das ist ja eine Zumutung. Da finde ich ja überhaupt keine Ruhe!"

Seltsam, ihre Zimmernachbarin war doch vorhin beim Einlage wechseln so wie immer, völlig normal und unauffällig. Aber jetzt …

Jetzt liegt sie aufgedeckt in ihrem Bett, kurzatmig, kaltschweißig, die Augen verdreht.

Das sieht nicht gut aus.

Katrin weicht nicht von ihrer Seite und drückt den Assistenz-Pieper, Rajani muss her, so schnell es geht.

Frau Wardenich derweil:

„Das war doch jetzt gut, dass ich geklingelt habe. Nicht wahr? Das war doch ganz richtig."

Katrin:

„Aber ja, Frau Wardenich. Vielen Dank. Das war ganz richtig."

„Ich wusste nicht, ob ich soll. Dann habe ich gedacht, ich mach's mal lieber."

„Ja, aber ja, das war wirklich gut so."

Frau Wardenich fragt lauernd:

„Was hat sie denn?"

Wahrscheinlich hat sie nur geklingelt, weil sie genau das wissen will.

Rajani kommt ins Zimmer gestürzt.

Jede Nachtwache weiß, wenn die andere den Assistenz-Pieper drückt, ist es dringend.

Sie hat schon das Blutzuckermessgerät und Blutdruckmessgerät in der Hand und die Pflegedokumentation unter den Arm geklemmt wegen der Daten.

Nur für den Fall, dass der Notarzt gebraucht wird.

Blutdruck nicht messbar.

Puls kaum.

Frau Günther hechelt weiter, die Augen nach oben verdreht.

Um den Blutzuckerwert zu kriegen, sticht Rajani mit einer Lanzette in ihren Finger.

Sie braucht nur ein winziges Bluttröpfchen, aber das kommt aus dem bleichen Finger kaum zustande.

Frau Günther hechelt.

Rajani schnappt die Pflegedokumentation und rennt ins Dienstzimmer dieser Wohngruppe.

Der Notarzt muss her.

Katrin bleibt bei Frau Günther.

Frau Wardenich regt sich auf:

„Was hat sie denn? Jetzt fängt sie auch noch an zu stöhnen!"

„Ach, Frau Wardenich. Frau Günther geht es nicht gut."

„Wie. Es geht ihr nicht gut …"

Ach, lass mich in Frieden, denkt Katrin.

Sie versucht verzweifelt, Frau Günther dazubehalten, zurück-zuholen von da, wo sie jetzt fast schon ist. Sie ruft unentwegt ihren Namen, immerfort, aber die Augen von Frau Günther driften weg, kommen zurück. Sie sieht Katrin an und versucht verzweifelt, ihr was zu sagen, weg, die Augen sind wieder weg, driften nach oben.

Nur ein einziges Mal hat Katrin einen Menschen sterben sehen.

Aber da war es Tag.

Viele andere Menschen waren um sie herum.

Im Augenblick ist sie ganz allein mit dieser armen Frau.

Bitte, lieber Gott, lass sie nicht sterben, hier mit mir, so ganz allein.

Bitte.

Rajani kommt zurück, gleich wird auch der Notarzt da sein.

In der Dokumentation hat sie gelesen, dass die Schwieger-tochter, wenn es nötig ist, auch in der Nacht angerufen wer-den kann.

Das ist so schnell als möglich Katrins Aufgabe, auch unten die Pforte aufzumachen, damit der Notarzt rein kann.

Rajani müht sich den Blutzucker nochmal zu kriegen.

„Frau Günther! Frau Günther!"

„Sagt mal. Warum ruft ihr denn immerfort Frau Günther?

Die ist doch da!"

Ach, Frau Wardenich.

Die Schwiegertochter sagt am Telefon, dass sie auf keinen Fall will, dass ihre Schwiegermutter noch mal ins Krankenhaus kommt, der Notarzt solle sie zurückrufen.

Kaum ist die Pforte auf, kommt der Rettungswagen die Einfahrt hoch.

Ein Schwall eiskalter Luft kommt mit den Sanitätern ins Haus.

Nein.

Katrin zittert nicht deswegen.

Eine feige Angst kriecht in ihr hoch.

Eigentlich hat sie nie Angst in den Nächten, sie könnte diese Arbeit sonst gar nicht machen.

Aber jetzt fürchtet sie sich aus irgendeinem Grund, mit der sterbenden Frau alleine zu sein.

In dieser Nacht.

In diesem großen stillen Haus.

Mit all den schlafenden Menschen.

Wenn nachher der Notarzt und die Sanitäter weg sind.

Wenn Rajani vielleicht schlecht wird.

Dann wäre da nur noch sie ganz alleine!

Katrin fährt mit den Sanitätern im Aufzug nach oben.

Sie werfen nur einen kurzen Blick auf Frau Günther und geben ihr erst mal Sauerstoff.

Den Blutzucker hat Rajani dann doch noch messen können.

Der Wert ist sehr niedrig, der Blutdruck immer noch nicht messbar.

Wieder rennt Katrin runter zur Pforte und kommt mit dem Notarzt hoch.

Er macht ein EKG.

Das fällt nicht gut aus.

Er horcht sie ab.

Es stellt sich heraus, dass sie wahrscheinlich eine Lungenentzündung oder etwas in dieser Richtung hat, sie hechelt und stöhnt die ganze Zeit.

Der Notarzt beginnt, eine Infusion über ihr Handgelenk zu legen, und sagt:

„Also, das ist nun reine Glückssache. Im Krankenhaus könnte man einfach mehr für sie tun. Da wäre sie auch unter ständiger Beobachtung. Gibt es jemanden, der sich jetzt in der Nacht zu ihr setzen könnte? Hat sie eine Betreuung, die das mit dem Krankenhaus entscheidet? Kinder? Sonstige Verwandte? Sie beide können sich ja unmöglich intensiv nur um eine einzige Bewohnerin kümmern!"

Rajani und Katrin wechseln einen kurzen Blick.

Sie sind es nicht gewöhnt, dass ein Notarzt auch mal an die Nachtwachen denkt!

Katrin wählt die Nummer der Schwiegertochter und reicht dem Notarzt das Telefon.

Während der spricht, fragt sie Frau Wardenich, ob sie denn nicht lieber in den Speisesaal geschoben werden möchte mit ihrem Bett und natürlich auch mit ihrem Rollstuhl, damit sie zur Toilette fahren kann? Hier ist doch wirklich viel zu viel Trubel.

Nein.

Sie will nicht.

Jetzt sind in diesem Zimmer drei Sanitäter, ein Notarzt und zwei Nachtwachen und Frau Günther in ihrem Bett.

Aber Frau Wardenich will sich keine Einzelheit entgehen lassen, sie muss alles mitkriegen.

Wütend zieht Katrin wenigstens den Vorhang, der das Zimmer teilt, von vorne bis hinten zu.

Schon hört sie wie Frau Wardenich anfängt, sich ächzend von ihrem Bett in den Rollstuhl zu wuchten.

Na, bitte.

Wenn sie schon nichts mehr sehen kann, dann fährt sie eben zur Toilette.

Das kann ihr schließlich niemand verbieten.

Der Notarzt und Rajani kümmern sich um Frau Günther.

Ihr mühsames Atemholen scheint das ganze Zimmer auszu-füllen.

Wieder läuft Katrin los, holt einen Ständer für die Infusions-flasche, der eine Sanitäter hält sie die ganze Zeit hoch, sie bringt auch den Sauerstoffapparat vom Haus mit.

Oh, bitte.

Lass Frau Günther ins Krankenhaus kommen, hoffentlich nehmen sie sie mit.

Bitte.

Kurze Zeit später trifft die Schwiegertochter ein, sie geht mit dem Notarzt ins Dienstzimmer.

Einer der Sanitäter zieht den Vorhang wieder auf.

Dahinter thront Frau Wardenich wie in einem Theatersessel in ihrem Bett.

Kopfteil hochgestellt, Augen und Ohren weit offen.

Katrin läuft den Flur entlang, in den Händen die gebrauchten Spritzen und Kanülen, dafür gibt es einen Sonderbehälter.

In ihrer ganzen rosigen Fülle kommt ihr Frau Wagner entgegen.

„Meine Güte, Frau Wagner! Das Haus ist voller Leute! Wohin wollen Sie denn jetzt mitten in der Nacht? Können Sie nicht schlafen?"

„Will nur eine Unterlage holen", nuschelt sie und steuert auf die Wäschekammer zu.

Katrin rennt, um ihre Hände frei zu kriegen.

Dann schleunigst hinter Frau Wagner her.

Schnappt sie sich, reißt in der Wäschekammer eine Unterlage vom Stapel, zieht ihr im Zimmer ein trockenes Nachthemd an, ignoriert die Unordnung, fischt noch drei nasse Tenas aus dem Wirrwarr und packt die Frau in ihr Bett.

Inzwischen steht die Schwiegertochter mit dem Notarzt am Bett von Frau Günther.

Er zeigt ihr, was bei der laufenden Infusion zu beachten ist.

Kein Krankenhaus.

Also doch nicht.

Warum denn jetzt doch nicht?

Ist es so aussichtslos?

Was sehr gut ist:

Die Schwiegertochter wird sich für den Rest der Nacht an ihr Bett setzen.

Sie bittet die Nachtwachen um einen Kaffee.

Dann wird Frau Günther …

Sie wird sterben.

Sicher.

Bald.

Katrin versucht, ihrer aufsteigenden Panik Herr zu werden.

Rajani sagt, sie erlebt es zum ersten Mal in diesem Haus, dass sich eine Angehörige an das Bett einer Sterbenden setzt.

Sie ist sehr erleichtert, weil die Schwiegertochter bleibt.

Was sie da schon mit anderen Verwandten erlebt hat.

In Situationen wie dieser haben die sie schon am Telefon angefahren:

„Was? In der Nacht jetzt? Auf gar keinen Fall. Rufen Sie an, wenn alles vorbei ist. Warum soll ich denn kommen? Bei Ihnen ist ja immer jemand im Haus."

Da kann dann jede Nachtwache sehen, wie sie mit ihrem Gewissen klarkommt.

Die Sanitäter sammeln ihre Geräte ein.

Lassen noch eine neue Infusionsflasche da.

Der Notarzt will gehen.

Wenn er schon mal im Haus ist, könnte er sich vielleicht doch besser mal das Handgelenk von Herrn Liese anschauen?

Frau Günther bleibt in der Obhut ihrer Schwiegertochter.

Und unter den wachsamen Augen von Frau Wardenich.

Aus Herrn Liese bekommt der Arzt nur Ach- und Wehgeschrei heraus, ob das Handgelenk vielleicht gebrochen ist, kann er so nicht beurteilen.

Also ab mit ihm zum Röntgen.

Unten steht ohnehin schon ein Krankenwagen.

Die Sanitäter holen eine Trage.

Der Arzt fährt mit Rajani im Aufzug herunter, sie steigt im ersten Stock aus, er im Erdgeschoss.

Katrin sucht mit zitternden Händen Waschzeug für Herrn Liese zusammen, falls er im Krankenhaus bleiben muss, seinen Bademantel legt sie über das Fußende des Bettes.

Beruhigend versichert sie ihm, dass er gar keine Angst zu haben braucht.

Wahrscheinlich kommt er nach dem Röntgen sowieso wieder zurück heute Nacht.

Ach.

Würden sie doch Frau Günther statt seiner mitnehmen.

Da sind die Sanitäter schon wieder mit der Trage, eisige Luft bringen sie mit.

Flink heben sie ihn von seinem Bett rüber.

Zum Glück hat er die Tena bis jetzt noch an, leise jammernd knetet er sein Handgelenk, klappt im Affenzahn die Beine zusammen, auseinander, zusammen.

Das erschreckt die Sanitäter gewaltig.

Katrin wirft noch eine warme Decke über ihn und sagt achselzuckend:

„Das ist so eine Eigenart von ihm."

Ein Wunder, dass bei all dem Trubel sein Zimmernachbar nicht aufgewacht ist.

Dann fährt auch sie voll Bangen in den ersten Stock.

Scheu schaut sie auf die Tür gegenüber dem Aufzug.

Sie öffnet sich gerade.

Die Schwiegertochter von Frau Günther.

Sie weint, sagt:

„Jetzt ist es wirklich passiert. Und bis zum Ende hat sie es nicht gewusst …"

Was meint sie?

Stumm geht Katrin ihr entgegen, nimmt die schluchzende Frau in die Arme, während diese stammelt:

„Und sie hat es nicht gewusst. Im Sommer ist ihr Sohn bei seinem Urlaub in Mallorca tödlich verunglückt. Und wir haben uns alle nicht getraut, keiner hat es ihr gesagt. Sonst wäre er doch gekommen statt meiner."

Jetzt wird sie es sowieso wissen, schießt es Katrin durch den Kopf, laut ruft sie in den Flur:

„Rajani, kommst du bitte mal?"

Diese sitzt oben im Dienstzimmer und trägt den Notarztbesuch und alles in die Pflegedokumentation ein. Rajani wirft nur einen kurzen Blick in den Flur und rennt wie der Blitz in die Küche, durch den Speisesaal und von dort auf die Terrasse.

„Hallo! Hallo! Herr Doktor Brand", brüllt sie dem Notarzt hinterher.

Der Krankenwagen ist schon weg, gerade will der Doktor in sein Notarzt-Auto steigen, sein Fahrer hat den Wagen schon gestartet, da schaut er hoch, denkt sich wahrscheinlich seinen Teil, schlägt die Tür wieder zu und macht sich auf den Weg.

Was für ein Glück.

Sie brauchen doch jetzt dringend den Totenschein!

„Bitte, Katrin, wir kommen sonst nie zusammen zu unserem zweiten Rundgang, fang doch schon mal damit an, bitte. Guck überall rein, und was du nicht alleine schaffst, das machen wir nachher zusammen, heute geht es einfach nicht anders."

Rajani geht, der Arzt kommt aus dem Aufzug, sagt zur Schwiegertochter:

„Ah, ja. Das ist sehr gut, dass Sie jetzt da sind."

Alle drei verschwinden in Frau Günthers Zimmer.

Na, da hat die neugierige Frau Wardenich aber eine unterhaltsame Nacht heute, denkt Katrin.

Sie selbst macht sich auf und klappert Zimmer für Zimmer ab.

Vom Erdgeschoß bis zur obersten Wohngruppe kann sie fast alle allein versorgen.

Diejenigen, die fest schlafen, lässt sie einfach schlafen, das kostet beim Morgenrundgang höchstens eine frische Unterlage.

Wie still es ist.

So friedlich.

Sie würde am liebsten weiter und immer weiter machen.

Einen ganzen Wolkenkratzer mit lebendigen, schlafenden Menschen versorgen.

Am liebsten aber nie mehr das Zimmer Wardenich/Günther betreten.

Sie hat noch nie einen toten Menschen hergerichtet.

Dabei muss sie Rajani helfen.

Aber sie könnte ja jetzt herumtrödeln …

Katrin.

Jetzt reiß dich aber mal zusammen!

Das wäre nicht kollegial und absolut nicht fair.

„Ach, Katrin, da bist du ja. Zieh dir mal gleich Gummihandschuhe an und stopfe dir noch ein paar in die Tasche, falls sie reißen. Ich hoffe nur, sie bringen nicht ausgerechnet jetzt den Herrn Liese zurück. Das würde gerade noch fehlen."

Der Notarzt ist weg.

Die Schwiegertochter sitzt im Dienstzimmer und trinkt Kaffee.

Hunger.

Katrin hat Hunger auf diese belegten Brote, Lust auf Kaffee, auf alles, nur nicht auf das, was sie jetzt tun müssen.

Hinter dem Vorhang thront Frau Wardenich.

„Ach, Frau Wardenich, sollen wir Sie nicht doch jetzt noch in den Speisesaal schieben? Sie kommen ja heute Nacht gar nicht zur Ruhe."

„Warum denn? Warum soll ich denn dauernd hier raus? Die Frau schläft doch jetzt. Das ist doch auch mein Zimmer!"

Rajani dreht die Augen zur Zimmerdecke.

Beide ziehen sich Gummihandschuhe über.

„Sie will den Ring. Die Schwiegertochter will den Ehering."

Mit einiger Mühe ziehen sie ihn von dieser armen, toten, wehrlosen Hand ab.

Wie kann man nur so gierig sein.

Sie stellen Kopf- und Fußteil flach, werfen alle Kissen und Decken aus dem Bett, wollen die Tena wechseln, meine Güte, Stuhlgang, Stuhlgang von einem toten Hinterteil waschen.

Rajani flüstert:

„Oben kommt jetzt hoffentlich nix mehr raus."

Bloß nicht.

Katrin schiebt ein Handtuch unter den toten Mund.

Rajani zerrt am Nachthemd.

Hat sie denn kein Flügelhemd im Schrank?

Das könnte man einfach auf ihren Körper legen und nur am Hals zubinden.

Aber sie hat keins.

Ihr Nachthemd einfach am Rücken aufschneiden?

Geht auch nicht, wenn die Schwiegertochter dann gerade hereinkommt, wahrscheinlich will sie ja dieses Nachthemd auch …

Hilft nichts.

Sie müssen die Tote aufsetzen, das alte Nachthemd über den

Kopf ziehen, das frische anziehen, während sie arbeiten, klappt andauernd der Mund auf.

Dabei rutscht ständig das Gebiss raus und grinst Rajani und Katrin an.

Als die tote Frau endlich in ihren sauberen Sachen ordentlich auf dem Rücken liegt, schieben sie ihr ein gerolltes Handtuch unter das Kinn.

Decken ein blütenreines Laken über die leblose Gestalt.

Damit die Schwiegertochter sie noch einmal sehen kann, lassen sie das Gesicht noch unbedeckt.

Vorbei an Frau Wardenich fahren sie das Bett aus dem Zimmer.

Spätestens jetzt müsste die merken, dass ihre Mitbewohnerin tot ist.

Gestöhnt und geächzt hat sie die ganze Zeit hinter ihrem Vorhang.

Katrin fragt:

„Was ist denn Frau Wardenich?"

Sie guckt kaum hoch und herrscht beide an:

„Ach, jetzt fragen Sie doch nicht so dumm. Sie wissen doch. Meine Arthrose!"

Auf dem Flur kommt ihnen die Schwiegertochter entgegen, sie ist schon im Mantel. Rajani händigt ihr den Ehering der Toten aus und fragt, was mit den anderen Sachen geschehen soll?

Sie wird morgen früh wiederkommen und das mit dem Frühdienst regeln.

Jetzt will sie erst mal ausschlafen.

Rajani denkt gerade noch daran, die Pflegedokumentation aus dem Dienstzimmer mitzunehmen.

Sprachlos schauen drei lebende Frauen unter den grellen Neonbändern im Flur auf das Gesicht der toten Frau.

Dann murmelt Rajani:

„Immer wieder fantastisch ist das, immer wieder …"

Das vorhin noch so gequälte, alte faltige Gesicht glättet sich.

Auf ganz wunderbare Weise wird es jünger.

Mit einer zärtlichen Bewegung breitet Rajani ihr das reine Laken über den Kopf.

Unten im Aufbahrungsraum angekommen, schlägt die Schwiegertochter es doch noch einmal für einen allerletzten Blick zurück.

Frau Günther mit ihren geschlossenen Augen sieht aus, als wüsste nur sie ganz allein etwas.

Etwas Geheimnisvolles.

Etwas, was lebendige Menschen einfach noch nicht wissen können.

Sanft bedeckt sie das Gesicht der Toten wieder.

Sie bedankt sich bei Rajani und Katrin.

Dann geht sie weinend in die eisige, mondlose Nacht hinaus.

Katrin und Rajani waschen sich ausgiebig die Hände.

Und Katrin ist heilfroh, dass jetzt wieder ganz normaler Nachtdienst-Alltag herrscht.

„Rajani! Wo hast du denn deine wunderschönen Ohrringe? Verloren? Aber das kann doch gar nicht sein?"

Rajani lacht.

„Nein, nein, keine Sorge. Als ich dem Herrn Reis seine Nacht- medis geben wollte, hat er nach mir geschlagen und mir dabei fast den linken Ohrring abgerissen, du kennst ihn ja. Da habe ich sie abgenommen und in meinem Korb verstaut."

Und als sie ins Dienstzimmer kommen …

Ein überwältigender Duft nach Leberwurst.

Trotz Frischhaltefolie, sie haben vergessen die Brote in den Kühlschrank zu stellen.

Hunger.

So ein Hunger.

Auf dieses Brot.

Diese Wurst.

Diese unglaublich leckeren Gewürzgurkenscheibchen!

Bis zum letzten Krümel essen sie alles auf.

Dann Kaffee.

Heiß und schwarz und wunderbar.

Für eine kleine Weile ist den beiden Nachtwachen alles egal, Uhrzeit, Arbeit.

Wie ungeheuer lebendig und lebenswert sich dieses Leben anfühlt!

Das Telefon.

Das Krankenhaus ist dran, sie brauchen noch einige Auskünfte zu Herrn Liese.

Nein, er ist noch nicht geröntgt.

Das kann dauern.

Schweigend tragen sie alle Ereignisse der letzten Stunden in die Pflegedokumentationen ein.

Rajani schreibt über Frau Günther und Katrin über Herrn Liese.

Still ist es im Haus.

Gegen Morgen ist sowieso die ruhigste Zeit.

Deswegen zucken beide auch zusammen als einer der Pieper losgeht.

Katrin rollt mit ihrem Stuhl in Richtung Flur und guckt auf die Leiste.

„Dritter. Weiß gar nicht, wer das jetzt sein könnte im dritten Stock, ich geh mal. Ich gucke dann auch mal kurz bei Frau Wardenich rein. Schreib du mal lieber, du hast mehr zu schreiben."

Zuerst geht sie zu Frau Wardenich, die vornübergebeugt wie üblich in ihrem Bett sitzt. Aber sie schläft dann doch mal.

Im dritten Stock, das war Frau Rogill, die geklingelt hat. Sie ist total aufgeregt:

„Ich weiß nicht. Sonst gibt sie doch immer Antwort. Immer wenn ich zur Toilette gehe, sagt sie was zu mir. Immer. Sie ist so still. Bitte, sehen sie doch mal nach Frau Lusan."

„Aber Frau Rogill. Es ist doch Nacht. Das ist doch ganz normal, dass Frau Lusan schläft."

Katrin geht ans Bett von Frau Lusan, je näher sie kommt, desto stärker wird der Duft von ROMA, Frau Lusan liebt diesen Duft.

Ordentlich und bequem, so wie sie von ihnen gelagert wurde, liegt sie auf der rechten Seite.

Sie sieht aus wie immer.

Ihre Haut ist bleich, fast schon weiß, dünn wie Papier, an einigen Stellen etwas dunkler wegen der Blutergüsse, da kann man sie so behutsam anfassen, wie es nur geht.

Sie scheint nur noch aus Haut und Knochen zu bestehen und sie hat ungewöhnlich helle, wasserblaue, wunderschöne Augen.

Sie sind jetzt geschlossen, sie schläft.

Sie lächelt im Schlaf.

Aber irgendwas …

Katrin beugt sich näher zu ihr herunter.

Der Duft von ROMA wird unerträglich intensiv.

Nein.

Das kann doch gar nicht sein.

Ungeduldig fragt Frau Rogill:

„Was ist denn mit Frau Lusan? Jetzt sagen Sie doch endlich mal was!"

Frau Lusan atmet nicht.

Nicht der kleinste Hauch an Bewegung im Gesicht, in der Brust.

Nichts.

Panisch drückt Katrin den Assistenz-Pieper.

Damit Rajani noch schneller kommt, würde sie am liebsten so laut schreien, wie sie nur kann.

„Frau Rogill, also, Frau Lusan, ich weiß nicht … Es kann sein, dass es hier jetzt vielleicht ein bisschen laut wird. Wären Sie einverstanden, dass wir Sie in den Speisesaal fahren, damit Sie dort weiterschlafen können?"

Von LAURA BIAGOTTI ist dieses Parfüm ROMA.

Absurd.

Warum fällt ihr denn das gerade jetzt ein.

Katrin berührt Frau Lusan sacht an der Schulter.

Vielleicht täuscht sie sich ja auch.

Vielleicht schläft sie nur ganz besonders tief und fest.

Sie hört den Aufzug.

Hört Rajani den Flur entlang rennen und ruft:

„Rajani. Das ist doch nicht zu fassen. Jetzt guck dir das mal an!"

Rajani stürzt ins Zimmer vorbei an Frau Rogill, die mit erschrockenen, furchtsamen Augen im Bett sitzt, zum Bett von Frau Lusan und beugt sich zu ihr herunter.

„Nein. Oh, nein. Frau Lusan. Neiiiin …", sagt sie gedehnt.

Der Körper hat sogar noch eine Restwärme.

Bleich, weißhäutig liegt sie da wie in allen Nächten vorher, ihre wunderschönen Augen für immer geschlossen.

Denn Frau Lusan ist tot.

Rajani rennt zum Fenster und reißt es auf:

„Die vom Krankenhaus haben angerufen. Sie wollen Herrn Liese jetzt doch noch bringen. Vielleicht sitzt in dem Krankenwagen ausnahmsweise auch mal ein Notarzt? Würden sie doch nur jetzt kommen! Ach je, aber die haben ja eben erst angerufen. Die können ja so schnell noch gar nicht da sein. Wir brauchen schon wieder den Notarzt. Ich glaube, der denkt wir spinnen."

Wenigstens lässt sich Frau Rogill ohne Diskussionen in den Speisesaal fahren.

Wahrscheinlich weiß sie auch ohne viele Worte, was geschehen ist.

Rajani stellt das Bett von Frau Lusan schon mal am Kopf- und Fußteil herunter.

„Ich dachte, wir dürfen das nicht? Nicht bevor der Notarzt da war?"

„Ach, was soll schon sein. Sie ist im Schlaf gestorben. Wir schaffen das sonst nicht. Der Herr Liese wird gleich gebracht. Dann haben wir noch den Morgenrundgang. Wie sollen wir denn sonst mit allem fertig werden?"

Rajani geht telefonieren.

Wenn die Hauptnachtwache das zu mir sagt, muss ich das machen, denkt Katrin.

Aber sie hat ja auch recht.

Nimmt diese Nacht denn überhaupt kein Ende?

Das ist ja der reinste Albtraum.

Sie geht zum Schrank und sucht schon mal, ob Frau Lusan ein Flügelhemd hat. Wenigstens könnte man dann bei ihr das Nachthemd, wenn nötig, am Rücken aufschneiden.

Der Pieper in ihrer Kitteltasche geht los.

Katrin läuft zum Fenster.

Der Krankenwagen mit Herrn Liese kommt die Auffahrt hoch.

Sie hört, dass Rajani noch telefoniert und ruft laut in den Flur: „Ich geh aufmachen und fahre dann gleich mit denen nach oben!"

In den Aufzug rein, mit den Sanitätern.

Sie bringen Herrn Liese in sein Bett, wieder klappt er zwischen Trage und Bett wie ein Taschenmesser zusammen, nein, gebrochen habe er sich nichts, nur eine Zerrung am Handgelenk, deshalb ein Verband, nein, sie haben keinen Notarzt dabei, der fährt ja immer extra, die Sanitäter stellen noch die Bettgitter fest und dann trollen sie sich wieder.

„Katrin, hast du die Pforte aufgelassen? Der Notarzt kommt, so schnell er kann. So was. Wenn ich denke, dass sie vorhin vielleicht schon tot war und er gerade im Haus …"

Rajani hält Katrin zwei Paar Gummihandschuhe hin.

„Zieh sie diesmal gleich übereinander, das ist besser. Mir sind meine vorhin gerissen."

Bettzeug raus. Katrin hat vergessen, dass Frau Lusan sowieso nur Flügelhemden statt Nachthemd trägt, auch jetzt hat sie eins an. Na, da ist diesmal der Wechsel wenigstens einfach. Aber auch sie hat Stuhlgang, den Nachtwachen bleibt heute wirklich nichts erspart. Der Mund geht auf und klappernd fällt das Gebiss runter. Dann eben auch hier gerolltes Handtuch unters Kinn, kleines Kissen in den Nacken, die Frau gerade und ordentlich auf den Rücken drehen, Bettdecke drüber. Merkwürdig, eine Tote zudecken, aber das weiße Laken kann erst kommen, wenn der Notarzt sie untersucht hat und den Totenschein ausstellt.

Rajani sagt:

„Stell dir vor, wenn heute Nacht einer vorhat, hier einzubrechen. Den trifft doch der Schlag, wenn da unten gleich zwei Tote liegen. Dann hätten wir heute Nacht gleich drei Tote. Katrin, das ist rekordverdächtig."

Beide kichern hysterisch.

Sie können gar nicht anders.

Jetzt ist einfach genug mit Elend und Tod.

Katrin sehnt sich nach dem Leben außerhalb dieses Hauses.

Wo Menschen nicht sterben, sondern in ihren Betten liegen und ganz einfach schlafen.

Plötzlich schlägt Rajani die Hände vor den Mund:

„Ach, du je. Der Ehemann. In der Pflegedokumentation steht, dass ihr Mann angerufen werden will, wenn etwas mit ihr ist, ganz egal, zu welcher Zeit, was …"

„Aber Rajani. Sie ist im Schlaf gestorben. Und jetzt kann er ihr auch nicht mehr beistehen, so wie er das immer wollte. Bei der Übergabe haben sie gestern gesagt, dass er von morgens bis abends bei ihr war. Sie hat ihn einfach nicht fortgelassen. Vielleicht hat sie was geahnt? Ohne Schmerzen, ganz einfach eingeschlafen, er hätte ihr nichts Besseres wünschen können."

Also, wie auch immer, zu ändern ist es jetzt sowieso nicht mehr.

Jetzt die Morgenrunde.

Das war ja vorauszusehen, dass so viele Unterlagen nass sind.

Aber endlich ist auch die Morgenrunde geschafft.

Die Nachtwachen tragen gerade noch den letzten Rundgang in die Dokumentationen ein, da steht auch schon die Erste vom Tagdienst auf der Matte.

Und ausgerechnet Gerlind.

Was?

Zwei Leute sind heute Nacht gestorben?

Gleich zwei?

Das interessiert sie aber nur ganz am Rand.

Ist ja nicht in ihrer Wohngruppe passiert.

Dafür fängt sie wie üblich an und quatscht ohne Punkt und Komma von den Problemen und Problemchen ‚ihrer' Bewohner, dabei füttert sie unter lautem Türenschlagen und Hin- und Herlaufen ‚ihre' Katzen auf der Terrasse.

Wenn die Tür aufgeht, jedes Mal ein eisiger Luftzug, wie soll man denn da konzentriert fertig schreiben!

Immer noch ist dieser Notarzt nicht da.

Derweil macht Rajani die Übergabe vom ersten Stock.

Marion kann es nicht glauben, sie ist fix und fertig:

„Wie denn das? Frau Günther war doch gestern noch …", sie reißt ihren Pulloverärmel hoch.

„Guckt mal! Ich hab Gänsehaut. Krieg ich immer, wenn einer von meinen Leuten hier gestorben ist. Was bin ich froh, dass ihr sie schon fertig gemacht und runtergefahren habt."

Jetzt geht der Pieper von Gerlind los.

Ihre Wohngruppe ist die an der Pforte und hektisch wie sie ist, rennt sie schimpfend rüber und kommt total verärgert zurück:

„Genau, wie ich mir das gedacht hab. Diese unmögliche Frau Schwarz spaziert in jedes Zimmer. Jetzt sind schon alle wach und total verärgert, weil es noch so früh ist.

Frau Well macht mit Akkuratesse ihr Bett. Frau Scheib rennt mit ihrer Babypuppe rum und sucht das Fläschchen, um sie zu füttern. Und Frau Schwarz schlendert durch das ganze Durcheinander, als ginge sie das alles nichts an. Den ganzen Tag wird sie wieder wie ein aufgescheuchtes Huhn herumwieseln!"

Rajani ist mit ihrer Übergabe beim dritten Stock angelangt.

Auch die können nicht fassen, dass Frau Lusan tot ist, das ging dann doch sehr plötzlich, ja, sie werden gleich ihren Mann anrufen, nein, nein, i wo, er wird nicht verärgert sein, nur furchtbar traurig, sie war sein Ein und Alles, aber wo bleibt denn jetzt dieser Notarzt?

Das ist jetzt nicht mehr das Problem der Nachtwachen.

Katrin macht die Übergabe für den zweiten Stock und fragt, warum bei Herrn Liese das Bettgitter unten war?

Lars sagt lakonisch:

„Der hat ein Bettgitter? Hoch sollte das? Hab ich nicht gesehen. Hab ich nicht gewusst."

„Steht aber dick und fett hier. Würde ich vielleicht auch mal reingucken, wenn einer neu ist. Du kannst dir sonst ganz schön Ärger einhandeln."

Er zieht seinen Pieper aus der Ladestation und geht ohne ein weiteres Wort nach oben.

Alle sind in ihren Wohngruppen, nur Inge aus dem Erdgeschoss sitzt noch da und wie üblich mosert sie rum:

„Nein, also, ... das müssen wir im Team besprechen. Herrn
Dörfler sollt ihr zwei bis drei Mal zur Toilette führen und
ihm nicht einfach eine Klebewindel anziehen. Ihr erzieht
ihn ja regelrecht zur Inkontinenz!"

„Aber ich sage doch, wir haben das mal a u s p r o b i e r t. Ich
habe das auch gestern und heute so eingetragen. Dann kann
er wenigstens durchschlafen. Heute Nacht hätten wir nicht
mal die Zeit gehabt, um ihn so oft zur Toilette zu führen."

Rajani ist richtig verärgert.

Inge wiegt nur bedenklich den Kopf.

Hier hat wirklich jeder nur an seine eigene Wohngruppe im
Kopf und wir haben in der Nacht die Wohngruppen des
ganzen Hauses am Hals und sind nur zu zweit, denkt Katrin.

Hat diese Nacht denn wirklich nur genau so viele Stunden
gehabt wie alle anderen?

Wie sie sich danach sehnt, endlich hier rauszukommen!

Das Telefon klingelt und sie geht ran.

Endlich.

Das ist der Notarzt, ein anderer als der von heute Nacht.

Er steht an der Pforte und sucht den dritten Stock.

Sie erklärt ihm den Weg, um diese Uhrzeit sind alle Türen
offen und der Tagdienst längst oben.

„... bevor sie aufsteht, hättet ihr die Beine messen müssen.
Sie soll doch Stützstrümpfe kriegen. Jetzt kann das erst wieder morgen früh gemacht werden."

Jetzt ist auch Inge total verärgert.

Die tut auch sonst immer so, als würden die Nachtwachen die ganze Nacht Däumchen drehen.

Rajani zieht gerade ihren Mantel an.

„Ja, ja, was denn noch alles", murmelt sie stinksauer.

Weg, nix wie weg und nach Hause.

Endlich sind sie draußen.

Es friert und die Luft sticht wie Nadeln.

Aber sie ist so klar und rein und macht, dass Katrin sich auf einmal unglaublich lebendig fühlt.

Strandgut

Ein einsames letztes Ufer ist dieses Altersheim.

Wie Strandgut landen die Menschen hier an.

Sehr oft aus diversen psychiatrischen Kliniken, so wie Frau Sanders.

Sie ist erst 59 Jahre alt und eigentlich noch viel zu jung für dieses Haus.

Ihre Diagnose: früher Alzheimer.

Man muss sie wirklich mal mit eigenen Augen gesehen haben, sonst kann man sie sich gar nicht richtig vorstellen.

Sieht man sie nur von hinten im Flur oder Garten sitzen, denkt man an eine junge Frau.

Die Figur.

Die halblangen, haselnussbraun gefärbten Haare.

Grazil ist sie, ihre ganze Erscheinung wirkt elegant.

Und dann dreht sie sich um und man blickt in ein fein geschnittenes, aber verwüstetes Gesicht, das ist jedes Mal ein Schock.

Dann steht sie auf.

Langsam und leise schleicht sie mit einem Linksdrall davon.

Sie bleibt vor einem Spiegel stehen und beginnt, mit dieser fremden Person, die ihr da entgegenblickt, zu sprechen.

Diese Frau da im Spiegel, sie erkennt sich selbst nicht mehr.

Und wie sie spricht.

Ganz verwaschen, kein Wort kann man ausmachen, eine seltsame Abfolge von Buchstaben und Silben.

Im Schrank hat sie Dessous, teure, die mit stoffbezogenen Knöpfchen verziert sind, oft mit Spitze.

Auch ihre Kleider sind ganz außergewöhnlich für ein Altersheim.

In manchen Nächten schaffen es erst die Nachtwachen, sie zu Bett zu bringen.

Vorher streift sie ständig in ihrem Zimmer oder auf dem Flur herum, immer an den Wänden entlang wie ein eingesperrtes Tier.

Wenn es auf Mitternacht zugeht, wird sie sehr aggressiv und schlägt nach den Nachtwachen.

Aber sie muss ja mal ins Bett.

Schlafen muss sie doch auch mal irgendwann.

„Lasst das. In d a s Bett gehe ich nicht. Nein. Ihr könnt machen, was ihr wollt. Ich leg mich da nicht rein. Lasst mich einfach in Ruhe. Ihr tut ja so, als wäre ich blöd? Ich bin nicht blöd!"

Eigenartig.

Jetzt ist ihre Sprache keine Spur von verwaschen, jedes einzelne ihrer Worte ist klar und deutlich zu verstehen.

Dann wieder gibt es Nächte, da lässt sie überhaupt niemanden an sich heran.

Wie ein scheues, flinkes Reh läuft sie weg, wenn man nur in ihre Nähe kommt.

Ihr früheres Leben.

Wie es wohl ausgesehen haben mag?

Irgendwann hat sie sich die Lippen aufspritzen lassen.

Auch ihre Brüste wurden vergrößert, bei denen gibt es jetzt Probleme mit den Implantaten.

Da ist wohl eins verrutscht und kann nicht mehr korrigiert werden, es ist schon zu sehr eingewachsen, so heißt es jedenfalls.

Genaueres weiß man nicht.

Wenn sie ganz ausgestreckt im Bett auf dem Rücken liegt, sieht das aus, als hätte ein Kind zwei runde Kuchenförmchen auf ihre Brust gestürzt.

Und ihr Mund ist nicht mehr schön, sondern einfach nur noch grotesk.

Das ist wahrscheinlich in ein paar Jahren bei manchen Frauen ein ganz alltäglicher Anblick.

Montag, Mittwoch und Samstag besucht sie ihr Ehemann.

Wie liebevoll er mit ihr umgeht und wie zutraulich sie bei ihm ist.

Wahrscheinlich ist er sehr viel jünger.

Er wirkt eher wie ein Sohn, der seine Mutter hier besucht.

Ach, Frau Sanders.

Und sie, sie wirkt so ganz und gar nicht erwachsen.

Eher wie ein verwirrtes, verschrecktes kleines Mädchen, das überhaupt nicht weiß, was mit ihm los ist.

Und erst recht nicht, was weiter Tag für Tag mit ihm geschehen wird.

Schneewittchen, das in seinem Bettchen schläft.

Eine Hand unter der Wange, die dunklen Haare ringeln sich auf dem Kopfkissen wie Schlangen.

Was das für ein Anblick ist.

Zum Steinerweichen traurig.

Bibelstunde

Christian sagt bei der Übergabe:
„Herr Mohn hat noch Bibelstunde. Weil sie alle später kamen, sind sie jetzt noch da. Na, die werden sich verkrümelt haben, bis ihr auf die erste Runde geht."

Tine hört nur „Bibelstunde" und hat schlagartig den Mief in der Nase, der danach immer in diesem Zimmer hängt.
Hoffentlich sind sie nachher wirklich alle weg.
Herr Mohn wird dann sowieso wieder unausstehlich sein.
Diese wöchentliche Bibelstunde!
Ob sie ihm von seiner Frau oder vom Pfarrer aufgezwungen wird?
Da kommt keiner dahinter.
Und warum sie für ihre Bibelstunde nicht das Angebot annehmen, den Speisesaal zu nutzen, weiß auch niemand.
Nein, die Gläubigen pferchen sich lieber in sein Zimmer.
Er liegt im Bett, seine Frau sitzt auf der Bettkante und der Pfarrer sowie fünf bis sechs Gemeindemitglieder sitzen im Raum verteilt auf jedes Mal eilig herbeigeschafften Stühlen.
Heizung voll aufgedreht.
Im Sommer wie im Winter die Fenster zu.
Manchmal spielt dann noch einer Gitarre und alle singen aus voller Kehle Kirchenlieder.
Tine ekelt schon der Gedanke an den Atem aus all diesen offenen Mündern.
Die gesamte Wohngruppe lauscht andächtig.

Jedenfalls die, die nicht schwerhörig sind.

Zum Glück hat sich noch nie jemand beschwert.

Der Herr Mohn ist so fromm, zu dem kommt immer der Pfarrer ins Haus.

Da würde doch nie jemand was sagen.

Der bedauernswerte, arme Herr Mohn.

Wie krank er ist.

Hat MS.

Wie seine Schwester, die schon vor Jahren daran gestorben ist.

Multiple Sklerose ist unheilbar.

Ja, ja.

Das ist schon alles sehr traurig.

Aber seine Krankheit entschuldigt nicht sein manches Mal unmögliches Benehmen.

Zumal man es auch nicht damit entschuldigen kann, dass er verwirrt wäre wie manch anderer Bewohner hier im Haus.

Er kann vollkommen klar denken, das ist sicher.

Tine kennt seine Frau, zusammen haben sie den Kurs zur Pflegehelferin gemacht.

Daher kennt sie Herrn Mohn schon lange. Er hat seine Frau manchmal zum Kurs gebracht und abholt. Seine Krankheit war zur damaligen Zeit noch im Anfangsstadium.

Nur seine Bewegungen waren etwas fahrig und die Sprache ein wenig undeutlich.

Später saß er dann im Rollstuhl und bei schönem Wetter fuhr ihn seine Frau spazieren.

Aber da begann es schon, dass das Zusammenleben mit ihm im Haus für die Kinder und seine Frau selbst allmählich die reinste Hölle wurde.

In der Nacht konnte Herr Mohn nicht mehr schlafen.

Am Tag dämmerte er oft weg oder schlief oftmals ganz fest ein.

Er begann, seine ganze Familie zu terrorisieren,

Schrie nach Essen, nach Trinken, rumpelte mit dem Rollstuhl rum, fuhr gegen Möbel und Wände, brüllte, er müsse zur Toilette, kippte manches Mal vor Ungeduld mit dem ganzen Ding um, holte sich blaue Flecken und Beulen und gab die ganze Schuld daran seiner Familie.

Die zogen fast bis auf den Speicher, um in den Nächten wenigsten etwas Schlaf zu bekommen.

Ihn ließen sie derweil einfach im Erdgeschoss herumrumoren.

Es war einfach nicht mehr anders zu machen.

Irgendwann waren alle nur noch Nervenbündel gewesen und ein Leben mit ihm zusammen ein Ding der Unmöglichkeit geworden.

Nun ist er seit vier Jahren hier im Haus.

Frau Mohn war in der ersten Zeit immer noch mit ihren Nerven am Ende.

Wegen einiger besonders mitfühlender und trotzdem rücksichtsloser Zeitgenossen:

„Wie kann man denn nur. Den eigenen Mann einfach nur, weil er unheilbar krank ist, ins Heim geben. Und dabei tun sie doch immer so ungeheuer fromm und gottergeben!"

Lange genug hatte die Familie Mohn es ja zu Hause versucht.

Und sie t u n nicht fromm, sie sind es wirklich.

Deswegen machten ihr ja auch diese Art von Bemerkungen in den ersten Monaten ein so schlechtes Gewissen.

Im ersten Jahr hatte sie ihren Mann sogar mit in den Urlaub genommen.

Aber nach einer einzigen schrecklichen Nacht brachte sie ihn wieder zurück.

Er hatte überhaupt nicht geschlafen und war nur die ganze Zeit mit seinem Rollstuhl in diesem fremden Haus herumgefahren in der Nacht und niemand sonst konnte an Schlaf überhaupt nur denken.

Dieser lange dürre Mann fuhr früher auch hier im Haus noch mit seinem Rollstuhl herum, besonders wenn die Nachtwachen zum Beispiel gerade die Fenster aufgerissen hatten und die Heizung heruntergedreht, sorgte er dafür, dass binnen zehn Minuten alles beim Alten war.

Jetzt liegt er nur noch im Bett.

Seine Bewegungen sind noch fahriger und unkontrollierter geworden, die Aussprache noch undeutlicher und inzwischen ist er auch inkontinent.

Eine seiner Spezialitäten ist das Zerpflücken der nassen Windel zu schneeflockenkleinen Partikeln.

In seinem Zimmer ist fast kein Zentimeter Wand mehr frei, überall hängt was.

Heiligenbilder, Familienbilder, Bibelsprüche und das unvermeidliche Kruzifix über dem Bett.

Zu Weihnachten ufern Tannengestecke, Sternen- und Engelmobiles und sonstiger Dekokram auf Kommode, Schrank und Tisch regelrecht aus, sofort gefolgt von Unmengen Luftschlangen, die beim Fensteraufmachen leise im Luftzug rascheln, um dann Ostereiern und Osterhasen in jeglichen Formen und Farben Platz zu machen.

Letzte Attraktion ist eine mit Edelweiß und Enzianen bemalte echte Kuhglocke.

Wenn er sich an seinem Haltegriff im Bett hochzieht, tritt sie jedes Mal lautstark in Aktion.

Tine seufzt, als sie sich mit Hanne auf den Weg macht, um im ganzen Haus schon mal die Nachtmedikamente zu verteilen.

Unter anderem auch bei Herrn Mohn.

Da löst sich jetzt erst die Bibelstunde auf.

„Pst. Leise. Hier schlafen die Leute doch alle schon! Pst!"

Dabei vollführen sie selbst einen Heidenlärm im Flur.

Verärgert sagt Hanne:

„Herrschaften, hier ist ja der Teufel los!"

„Ganz im Gegenteil, ganz im Gegenteil, junge Frau!"

Hach, wie witzig.

Und weil es jetzt schon wahnsinnig spät ist, geht Tine mit runter und macht die Tür an der Pforte wieder auf, um sie alle rauszulassen.

Und natürlich liegt Herr Mohn, Heizung voll aufgedreht, Fenster geschlossen, mit grottenschlechter Laune in seinem Bibelstundenmief.

Heizung runter und Fenster auf findet überhaupt nicht seinen Beifall.

Da kann ihn auch der Keks nicht trösten, den er immer nach der Medikamentengabe kriegt.

Früher hatte er noch eine Keksdose und eine Flasche Wasser auf dem Nachttisch in Reichweite, aber weil das Wasser und die Kekse statt in seinem Mund vor oder im Bett landeten, bekommt er Kekse und Wasser zugeteilt.

Besonders auch, weil er sich in der letzten Zeit ständig verschluckt und dann wie ein Irrer hustet.

Jeden Abend freut er sich auf den Keks.

Heute noch nicht mal das.

Er ist einfach nur stocksauer.

Deshalb murmelt Hanne, als sie seine Zimmertür schließt: „Na, das kann ja heiter werden."

Und sie hat recht.

Schon nach dem ersten Rundgang kriegen sie die Quittung.

Blank und bloß liegt Herr Mohn in seinem Bett.

Er hat die Bettdecke abgezogen und mit dem Laken und den Flocken der kotverschmierten nassen Tena zu einem einzigen großen Knäuel verwurstelt und das liegt nun vor seinem Bett.

Er selbst tut so, als ginge ihn das gar nichts an.

Es ist wahnsinnig schwierig, Ordnung in dieses Chaos zu bringen, ihm eine Klebewindel und trockene Sachen anzuziehen und das Bett komplett zu beziehen, während er drin liegt.

Seine Bewegungen sind ruckartig und manchmal macht er sich einfach ganz steif wie ein Brett.

Aber als er dann wieder trocken ist und ordentlich ist, hat sich wenigstens seine Laune merklich gebessert.

Als Tine und Hanne ihm eine gute Nacht wünschen, kann er sich sogar ein Dankeschön abringen.

Im ersten Stock brüllt eine Frau:

„Hilfe! Hilfe! Ist denn hier niemand?"

Hanne und Tine stürzen aus dem Dienstzimmer, laufen den Flur entlang, hinein in den Aufzug, der geht einfach schneller als die Treppe, und wer weiß, was los ist.

Heute ist so eine von diesen unerklärlich unruhigen Nächten.

Eigentlich ist das Aufzugfahren in der Nacht verboten.

Erst recht, wenn beide Nachtwachen im Aufzug sind.

Fragt sich nur, ob diejenigen, die das angeordnet haben, auch in jedem Fall und immer nur die Treppe benutzen würden.

Als die Aufzugtür sich quälend langsam aufschiebt, stehen sie einer völlig aufgelösten Frau Werner gegenüber und irgendwo stöhnt jemand sehr laut.

„Hören Sie das? Ich kann doch nicht einfach so in dieses Zimmer ... ich hab hier im Flur friedlich meine Nacht-Zigarette geraucht, da geht das Knarren und Stöhnen los! Hat der arme Mann denn solche Schmerzen? Ist der aus dem Bett gefallen?"

„Frau Werner, ja, Frau Werner, ist ja gut. Das ist doch nur der Herr Mohn. Der hat keine Schmerzen. Nein, nein. Der weiß auch gar nicht, dass er so laut ist. Der macht das im Schlaf. Aber das nächste Mal bitte nicht so schreien, Frau Werner, ja? Sie wissen doch: die Klingel!"

Sie bugsieren sie in ihr eigenes Zimmer, normalerweise klingelt sie auch, sie ist die Zimmernachbarin vom Herrn Mohn. Jedes Mal regt sie sich so auf und dann vergisst sie es sofort wieder.

Das Knarren und Stöhnen hat aufgehört. Alles still.

Frau Werner liegt beruhigt wieder in ihrem Bett.

Dieser Herr Mohn!

Da hat er gesehen, dass zwei Frauen zusammen Dienst haben, und da hat er sich gedacht, er kann sich mal wieder von seiner besten Seite zeigen.

„Echt? Macht er das? Gibt's doch gar nicht. Hat er bei uns noch nie gemacht. Da behält er auch schön seine Tena an."

Ungläubigkeit und grenzenlose Verwunderung bei den zwei männlichen Nachtwachen, als ihnen die weiblichen Nachtwachen davon erzählen.

Natürlich hört die Sexualität der Bewohner nicht auf, nur weil sie im Altersheim sind.

Darum geht es auch nicht.

Ärgerlich ist nur dass man sehen kann, wie gut der Kopf bei Herrn Mohn funktioniert.

Da peilt er ganz genau, wenn zwei Frauen im Nachtdienst sind.

Erst dann läuft er zur Hochform auf und onaniert, was das Zeug hält.

Tine sagt zu Hanne:

„Eine schöne Bescherung wird das wieder sein."

Ist es auch.

Im stickigen Zimmer, trotz gekipptem Fenster, kann man einen Herrn Mohn zum zweiten Mal in dieser Nacht in voller Pracht bewundern.

Nackt, wie Gott ihn schuf, liegt er zwischen zerknäultem Bettzeug und zerpflückter Klebewindel im Bett.

Zusätzlich ist am Fußende alles voller Blut.

In letzter Zeit scharrt er ständig mit den Fersen, zwar hat er einen Verband drum und Bettschuhe an, aber wie man sehen kann, nützt das überhaupt nichts.

Aus welchem Grund auch immer, er scharrt und scharrt weiter unentwegt mit den Fersen, hat seinen Pimmel noch in der Hand und sagt zu Hanne und Tine:

„Hab schlecht geträumt!"

Dabei hängt von einem Ohr bis zum andern so ein breites Grinsen in seinem Gesicht.

Sagt Hanne:

„Vielleicht geht's das nächste Mal auch etwas leiser?"

Demonstrativ langsam zieht sie sich die Gummihandschuhe an.

Schweigend und mit spitzen Fingern fangen sie erneut an Ordnung in dieses unappetitliche Chaos zu bringen, machen neue Verbände an die blutigen Fersen, ziehen Socken drüber, legen eine neue Klebewindel an, wechseln die Schlafanzughose und stehen am Ende jede mit einem Arm voll schmutziger Sachen vor seinem Bett.

Und da kann Hanne nicht mehr an sich halten und sagt ruhig, aber bestimmt:

„Lieber Herr Mohn. Nicht das, was Sie tun, ärgert mich. Mich ärgert, dass Sie unsere männlichen Pfleger in der Nacht damit verschonen. Und am meisten ärgert mich, dass Sie uns dann immer angrinsen, als wären Sie gerade vom Mond gefallen und hätten keine Ahnung von nichts. Wissen Sie was? Ich würde Ihnen empfehlen, es doch das nächste Mal in der Bibelstunde mit Ihrem ‚schlecht Träumen' zu versuchen. So. Das musste jetzt endlich mal gesagt werden. Gute Nacht, Herr Mohn."

Spricht es, dreht sich um, macht das Licht aus und marschiert, eine verblüffte Tine im Gefolge, zur Tür hinaus und schließt sie ganz sanft.

Bleischwer

Ein Phänomen.

Es gibt Nächte, da herrscht so eine nervöse Unruhe.

Wie in manchen Vollmondnächten, wenn keine einzige Wolke am Himmel ist, die sich vor den Mond schieben könnte, wenn es so taghell ist, dass man glaubt, in seinem Licht lesen zu können.

Ständig wird geklingelt, die Bewohner sind aggressiv, viele können kein Auge zutun.

Und dann kommt wieder eine Nacht, die extrem still ist.

Als sei das ganze Haus leer.

Als würden hinter all den Türen nicht Menschen atmen, schlafen und träumen.

Und so eine Schwere ist da.

So eine Bleischwere.

Wie manches Mal, bevor ein Gewitter losbricht.

Eine der Nachtwachen erzählte, dass es damals solch eine Nacht war.

Als sie das Zimmer von Herrn Hanel betraten, wunderten sie sich.

Auf seinem Kopfkissen lag so eine seltsam zerknäulte Plastiktüte.

Sie schauten ins Bad, manchmal ging er ja alleine zur Toilette.

Aber da war alles dunkel.

Und als sie näher zum Bett kamen, machten sie eine ganz furchtbare Entdeckung:

Herr Hanel lag im Bett und in dieser Plastiktüte steckte sein Kopf.

Er war tot.

Erstickt.

Entsetzlich.

Polizei, Heimleiter, Notarzt, es gab einen Riesenaufstand, natürlich.

Aber nichts, rein gar nichts deutete auf eine „Fremdeinwirkung" hin, wie es in den Krimis immer heißt.

Herr Hanel hatte seinem Leben selbst ein Ende gesetzt.

Plastiktüten sind überall verfügbar und niemand denkt sich etwas dabei.

In jedem Zimmer liegen ja irgendwo welche herum.

Und wie sollte Herr Hanel denn auch an einen Revolver, Gift oder sonst etwas kommen?

Sein Zimmer war im Parterre, nichts mit einfach aus dem Fenster springen.

Herr Hanel war sowieso ein sehr schweigsamer Mensch.

Er hatte auch nie die geringste Andeutung gemacht, dass so etwas passieren könnte, dass er sich das Leben nehmen wollte.

Dass er sterbensmüde war, ja, das hatte er gesagt.

Und des Lebens überdrüssig, das auch.

Sein Leben machte ihm einfach keine Freude mehr.

Wie auch.

Nach einem Schlaganfall verbrachte er lange Zeit im Krankenhaus.

Und endlich entlassen und einigermaßen wiederhergestellt, wollte er mit seiner Frau in sein von ihm so sehr geliebtes Haus in Spanien fliegen.

Wo aber landete er stattdessen?

Hier im Altersheim.

Und die ganze Familie, allen voran seine Ehefrau, die zogen ihn über den Tisch!

Weil er manches Mal ein wenig verwirrt war, hatten sie ihn als „plemplem" eingestuft.

Sie waren heilfroh ihn endlich los zu sein und Geld für den Verkauf des spanischen Hauses kassieren zu können.

Seine Rente ging ja nun für das Altersheim drauf.

In letzter Zeit besuchte ihn niemand mehr von der Familie, und seine Frau ließ sich auch wochenlang nicht mehr blicken.

Neben seinem Bett hatte er immer zwei gepackte Koffer stehen.

Denn an manchen Tagen vergaß er sein ganzes Elend vollkommen.

Dann stand er in der Nacht vor dem Kleiderschrank, einen der Koffer geöffnet auf dem Bett, vor sich hin pfeifend packte er für die Reise und verkündete den Nachtwachen fröhlich:

„Morgen gleich ganz früh fliege ich wieder nach Spanien in mein wunderschönes Haus. Ich muss ja mal wieder nach dem Rechten sehen."

An anderen Tagen registrierte er ganz genau, wo er jetzt war.

Auch dass er bei denen, die er für seine Familie gehalten hatte, längst abgeschrieben war.

Und da hätte er in seinen letzten Minuten auf Erden die Zeit verschwenden sollen, um einen Abschiedsbrief zu schreiben? Wem denn?

Nach so einem Brief suchten nämlich damals alle.

Aber die Nachtwachen wurden die Erinnerung an diesen einsam gestorbenen Mann und daran, wie sie ihn gefunden hatten, niemals mehr los.

Orgie

Liebe Leute.

Im Zimmer der beiden Männer Schnook und Heine stinkt es wahrhaftig wie in einem Raubtierkäfig.

Offenbar darf kein noch so winziges frisches Lüftchen an ihre Körper.

Haben sie etwa Angst, zu Staub zu zerfallen wie manche ägyptischen Mumien, die man nach Jahrtausenden ans Tageslicht zerrt?

Manchmal ist die einzige Chance zu lüften die, wenn Herr Schnook im Flur in der Sitzecke eines seiner riesigen Kreuzworträtsel löst.

Nächtelang tut er nichts anderes.

In seinem Kopf müssen inzwischen sämtliche gängigen schwierigen Wörter, einschließlich die mit nur zwei Buchstaben, abgespeichert sein.

Sein Mitbewohner Herr Heine kommt aus „Schläässchen" (Schlesien), wie er immer wieder betont, und kann sein Bett nicht mehr verlassen.

Bei ihm sollte man wirklich sagen: Gottseidank.

Er ist ein verhutzeltes fadendünnes Männlein von 95 Jahren. Früher wuselte er durch den Flur, durchkämmte sämtliche Zimmer, zu denen die Türen offen standen, o-beinig, denn zwischen seinen Beinen hing ein riesiger Hodenbruch, die Einlage halb aus der Netzhose hängend und mit chronischen Durchfall verschmiert und fuchtelte die ganze Zeit wie wild mit seinem Gehstock herum.

Alle hatten Angst vor ihm.

Jetzt liegt er feste im Bett, hat immer noch ständig Durchfall und tritt, keift, schlägt und krallt sich fest. Hanne hätte er beinahe mal einen Finger gebrochen. Er hielt ihn mit eisernem Griff in seiner Faust umklammert.

Fuchsteufelswild ist er und böse auf die ganze Welt.

Und keiner weiß, warum.

Kaum sind die Nachtwachen in diesem Zimmer, reißen sie auch schon das Fenster auf.

Herrn Schnook haben sie ja im Flur sitzen sehen.

Der Einlagenwechsel bei Herrn Heine ist der reinste Ringkampf und dauert seine Zeit.

Meine Güte.

Die Nachtwachen können doch auch nichts dafür wenn sie ihm die wechseln müssen, sollte sie nass und schmutzig sein, und das ist sie leider fast immer.

Beinahe sind sie fertig, da fegt Herr Schnook herein.

Schmeißt das Fenster zu und lässt eine Schimpftirade vom Stapel.

Ob im Haus Betten gebraucht werden?

Sollen sie sich hier den Tod holen, damit welche frei werden?

Unverschämtheit das!

Herr Schnook holt Zigaretten und Feuerzeug aus seiner Nachttischschublade und tigert zurück in den Flur, da erwartet ihn ganz hinten in der Raucherecke schon Frau Wagner.

Und hier darf das Fenster auch offen sein.

Einträchtig sitzen sie darunter auf dem Sofa, meistens treffen sie sich um halb drei in der Nacht, die übliche Zeit für ihr Stelldichein.

Die Rauchschwaden ziehen ab, leise unterhalten sie sich und oft steht auch ein Glas Bier oder Wein vor jedem.

Sollte eigentlich nicht.

Angeblich ist Frau Wagner ehemalige Alkoholikerin.

Bisher ist auch alles in Grenzen geblieben.

Ab und zu treffen die Nachtwachen Frau Wagner im Aufzug an, beide Hände voller Zigaretten.

Dann kommt sie gerade von ihrem Beutezug bei Herrn Schnook.

So oft sie kann, schnorrt sie von ihm seine Selbstgestopften.

Viola, sonst nur im Tagdienst, wacht heute Nacht mit Karena.

Sie ist für die Pflegehelferin Tine eingesprungen, bei der hat der Magen-Darm-Virus zugeschlagen.

Gegen Morgen, kurz vor drei Uhr klingelt es im zweiten Stock.

Karena steht auf und will gehen, das ist ganz sicher Frau Kalden, die möchte nur zur Toilette gebracht werden, und da reicht es ja, wenn nur eine von ihnen geht.

Aber Viola sagt ängstlich:

„Wo gehst du denn jetzt hin? Lass mich hier unten bloß nicht alleine! So in der Nacht ... ich bin das nicht gewohnt ... also, ich glaube, ich fürchte mich dann so allein ...“

Also gehen sie zusammen.

Und sie nehmen die Treppe, Viola hat auch Angst, mit dem Aufzug zu fahren.

Na gut, sollten sie in der Nacht sowieso nicht zusammen.

Viola ist bange, wenn er hält und die Türen aufgehen, da weiß man nie, wer davor steht und dann wären sie praktisch gefangen in dem Ding!

Innerlich lächelt Karena ein wenig über sie.

Manche Menschen sind einfach nicht für den Nachtdienst gemacht.

Als sie die Tür zum Flur aufmachen, riecht es nach Rauch.

Hektisch sagt Viola:

„Karena! Das ist doch nicht normal! Mitten in der Nacht! Hier brennt's!"

„Ach was, Viola. Das sind Herr Schnook und Frau Wagner. Die sitzen in der Rauchecke. Brauchst dir keine Sorgen machen. Die sitzen da fast jede Nacht."

Ja, es war Frau Kalden, die geklingelt hatte, aber bei der war es so eilig, und da ist sie schon alleine zur Toilette gegangen, sie führen sie nur schnell zurück in ihr Bett.

Es riecht ja wirklich sehr intensiv nach Rauch, und wer guckt denn jetzt mitten in der Nacht noch derart laut Fernsehen? Komisch.

Und was ist das für ein Geschrei?

Aus dem Zimmer Schnook/Heine kommt dieser Lärm.

Karena und Viola rennen los und reißen die Tür auf.

Da trifft sie fast der Schlag.

Chaos pur.

Festbeleuchtung.

Der Fernseher läuft auf Hochtouren.

Frau Wagner und Herr Schnook haben sich den Tisch und zwei Sessel davorgeschoben.

Im Qualm von wer weiß wie vielen Zigaretten sitzen sie einträchtig nebeneinander.

Das Fenster ist natürlich zu.

Vor ihnen auf dem Tisch stehen zwei Weinflaschen.

Keine Gläser.

Sie haben direkt aus der Flasche getrunken und, ihrer Stimmung nach zu urteilen, sind die jetzt alle beide leer. Sie kichern über irgendwas im Fernsehen und hinter dem zugezogenen Vorhang tobt Herr Heine und brüllt mit sich überschlagender Stimme:

„Ruhe! Sofort aufhören! Ruuuhe!"

Und so knallwach, wie er ist, hat er sich vor lauter Frust die Klebewindel ausgefummelt, sein Bett ist nicht nur eingenässt, sondern komplett mit seinem chronischem Durchfall verschmiert.

Kopfschüttelnd murmelt Viola:

„Ogottogottogott!"

Karena lacht schallend.

Sie kann einfach nicht anders.

Total verdutzt drehen sich Frau Wagner und Herr Schnook um, jeder eine Zigarette im Mundwinkel, hinter dem jetzt aufgezogenen Vorhang tobt Herr Heine in seinem eingekoteten Bett, nur seine in der Luft strampelnden Beine und Arme sind zu sehen. Ein Glück, dass rechts und links die Schutzgitter hochgezogen sind.

Das kann doch alles nicht wahr sein.

Die Nachtwachen sind mitten in eine Orgie hereingeplatzt.

Die erste der beiden Teilnehmer.

Und, wie man sich vorstellen kann, auch die letzte.

Von der Heimleitung gibt es einen Riesenanpfiff.

Schon allein wegen des Rauchens im Zimmer.

Ab jetzt hat Frau Wagner in der Nacht striktes Besuchsverbot bei Herrn Schnook.

Man sieht sie nur noch tagsüber zusammen auf der Bank vor dem Haus oder auf der Terrasse sitzen, natürlich qualmend, zwischen sich den großen Standascher.

Und wie sich herausstellt, hat Herr Schnook die ganze letzte Zeit schlicht über seine Verhältnisse gelebt.

Denn auf einmal reichte sein Taschengeld hinten und vorne nicht mehr aus.

Er besorgte Bier und Wein, und da ließ er sich natürlich nicht lumpen und lud Frau Wagner immer ein.

Und die nahm ihn dann zusätzlich noch aus wie eine Weihnachtsgans und schleppte gnadenlos ihre Zigaretten bei ihm ab.

Wenn er nur noch für sich alleine einkauft, wird er wohl in Zukunft wieder mit seinem gar nicht mal so knapp bemessenen Taschengeld klarkommen.

Frau Wagner ist beleidigt.

Aus ist es mit dem nächtlichen Hochgondeln zu Herrn Schnook.

Ihre kostenlose Tabak- und Alkoholquelle ist unwiderruflich versiegt.

Sie hat sich jetzt auch so einen kleinen, praktischen Apparat zum Zigarettenstopfen zugelegt.

Die halbe Nacht sitzt sie jetzt in ihrem Zimmer und stopft ritsch-ratsch Filterzigaretten.

Sehr geschickt stellt sie sich dabei nicht an, der Tisch ist voller Tabakbrösel, wahrscheinlich landet nur die Hälfte des Tabaks in den Hülsen.

Jedenfalls straft sie sämtliche Nachtwachen seither mit Verachtung.

Kaum, dass sie ein „Gute Nacht" über die Lippen kriegt.

Und Herr Heine?

Der hat sich eine schrullige Angewohnheit zugelegt:

Nach wie vor ist der Klebewindel-Wechsel ein schweiß-treibender Kampf bei ihm.

An dessen Ende breiten die Nachtwachen erschöpft die Bettdecke über ihn.

Diese Decke nimmt er dann mit beiden Händen sachte, ganz sacht, und schiebt sie sich in den Mund, die Oberlippe richtig weit drüber, und rechts und links davon bleiben die vier runzligen Finger einer jeden Hand liegen.

Sehr spaßig sieht er aus.

Wie ein uraltes Kaninchen, das unter der Bettdecke Männchen macht.

Ding

Ein bisschen verhuscht war sie schon damals, die kleine zierliche Frau Roth, als sie vor Jahren in dieses Altersheim kam.
Nur noch wenige kennen sie aus dieser Zeit.
Auch sie wurde allmählich immer hinfälliger.
Weil sie inkontinent geworden war, musste sie in der Nacht eine Netzhose mit Einlage tragen und anfangs konnte sie die auch, wenn eingenässt, selbst wechseln und auch noch selbstständig zur Toilette gehen.
Eine ganze Zeitlang ging das gut, bis auch sie auf die Hilfe der Nachtwachen angewiesen war, und erst zu diesem Zeitpunkt bemerkten sie ihre nächtlichen Angstzustände.
Frau Roth starrte in wahnsinniger Furcht in eine Zimmerecke oder auf einen Gegenstand und fing auf einmal an, unverständliches Zeug zu reden, sehr laut, sehr schrill, bis sie später nur noch schrie:
„Aaah! Aaah! Ahhh!"
Nur sie allein weiß, wer oder was ihr derartige Angst einjagte, niemals hat sie sich irgendjemandem anvertraut.
Nun liegt sie seit fünf Jahren im Bett und in dieser ganzen Zeit hat sie kein einziges Wort mehr gesprochen, ganz so, als wäre sie als Stumme geboren. Die meisten kennen sie nur noch so. Dünn ist sie geworden und ihr ganzer Körper krumm und verzogen.
Wie viele im Pflegeheim sieht sie aus wie eine im Wüstensand konservierte Mumie.
Dabei trinkt sie gut, isst ausreichend, aber natürlich muss sie gefüttert werden.

Diese Redewendung sollte nicht gebraucht werden.

Sie bekommt das Essen gereicht, müsste es heißen.

Als ob das an der Tatsache nur das Geringste ändern würde.

Jahrein, jahraus ist Frau Roth unverändert im gleichen Zustand.

Der Kopf total überstreckt ins Kopfkissen gebohrt.

Die dürren Beine, die Fersen am Po, die dürren Arme ebenso angewinkelt.

Zusätzlich ist am Ende des linken Armes die Hand flach ausgestreckt, völlig verkrampft liegt sie direkt am Körper an.

Aber diese starre, steife Hand wandert manchmal.

Beim Einlagenwechsel schiebt sie sich langsam, ganz langsam, aber stetig nach unten.

Um ihr nicht den Arm zu brechen, bleibt den Nachtwachen dann nichts anderes übrig, als sie mit in die Netzhose zu packen, um sie, wenn sie fertig sind, wieder vorsichtig herauszuziehen und auf die Bettdecke zu legen.

Hingegen ist ihre rechte Hand zur Faust geballt, aus dieser ragt nur der Zeigefinger mahnend heraus; er kann einfach nicht mehr gekrümmt werden, das muss man sich mal vorstellen!

Jede Nacht wird sie drei Mal gelagert, und man muss aufpassen, wirklich berechtigte Sorge haben, dass sie sich mit diesem starren Finger nicht selbst die Luft am Hals abdrückt.

Sie wird auf den Rücken gelagert, dann rechts und links auf die Seite.

Wenn sie auf der Seite liegen soll, dann muss man sie sehr sorgfältig mit Lagerungskissen abstützen.

Sonst könnte es vorkommen, dass sie umkippt und einfach auf dem Gesicht liegen bleibt. Dann hätte sie die Nase im

Kissen, würde keine Luft mehr kriegen und wahrscheinlich, wenn man sie so liegen ließe, erstickten.

Sich einfach umdrehen und aus dieser misslichen Lage befreien, dazu ist sie selbst nicht mehr imstande.

Sollte sie eingenässt sein, findet vor dem Lagern schon ein sehr schwieriger Einlagenwechsel statt und bei dem macht sie ‚ihre Stimmen‘.

Das hört sich unnormal und grauenhaft an, denn manchmal quiekt sie regelrecht.

Aber trotzdem klingen diese Laute so, dass man sich des Eindrucks nicht erwehren kann, sie hätte vielleicht doch irgendwann einmal gesprochen und wäre nicht von Geburt an stumm gewesen.

Schon seit ewigen Zeiten war sie nicht mehr krank.

Da kann um sie herum alles schnupfen und schniefen und husten.

Frau Roth ist immun.

So wie die Situation im Augenblick ist, kann das mit ihr noch jahrelang genauso weitergehen.

Heute Nacht hat Beate mit Oskar Dienst und beiden tut Frau Roth gerade wieder mal ganz unendlich leid.

Ihre Mitbewohnerin, die Frau Bender, die zeigt sich nämlich wie schon so oft von ihrer allerunangenehmsten Seite.

Seit Kurzem erst sind die zwei Frauen zusammen in diesem Zimmer.

Mit Frau Roth kann man das ja machen.

Sie kann sich nicht wehren und nichts dazu sagen. Deshalb ist das jetzt schon die sechste Bewohnerin, die sie innerhalb des letzten halben Jahres über sich ergehen lassen muss. Sie hat auch niemanden, der für sie sprechen könnte.

Beate erinnert sich genau daran, was ihr einziger Sohn damals gesagt hat.

Er wurde gefragt, ob er damit einverstanden sei, dass seine Mutter aus dem Einzelzimmer im Erdgeschoss in ein Zweierzimmer im ersten Stock verlegt wird.

„Ja, macht ihr nur mal. Da spare ich Geld. Mir ist das so was von egal, wo ihr sie hinlegt. Wenn ihr noch irgendwo eine alte Badewanne herumstehen habt, dann könnt ihr sie auch da reinlegen."

Als wäre seine Mutter nur ein Ding.

Und alle, die gerade mal eben schnell ein Bett brauchen, werden jetzt zu ihr ins Zimmer gelegt.

Entweder, weil sie da auf ein Einzelzimmer warten oder weil sie kein Einzelzimmer bezahlen können, und letzteres trifft auf ihre jetzige Zimmernachbarin zu.

Die ist zwar nicht vollkommen blind, aber sie sieht sehr schlecht.

Aber das ist nicht das Schlimmste.

Frau Bender leidet auch noch unter Verfolgungswahn.

Sie behauptet steif und fest, Frau Kadel aus dem Nachbarzimmer käme in der Nacht ins Zimmer, säße an ihrem Bett und würde sie unablässig beobachten, die ganze Nacht lang würde sie sitzen und warten bis sie, Frau Bender, eingeschlafen sei, um ihr dann alles, was in ihrem Besitz ist, zu stehlen.

Und deshalb muss Frau Bender achtgeben.

Die ganze Nacht.

Was das Klauen angeht, ist ihre Mitbewohnerin ja aus dem Schneider.

Die kann ja nicht mehr aufstehen.

Über die regt Frau Bender sich zwar auch auf, aber nur weil sie schreit und plärrt und quiekt.

Deshalb denkt sie auch, dass Frau Roth noch ein Baby neben sich im Bett liegen hat, da kann man erklären, so viel man will, sie glaubt einfach nicht, dass da nur Frau Roth liegt und diese ungewöhnlichen Stimmen von sich gibt.

Sie herrscht die Nachtwachen an:

„Mein Gott. Versorgen Sie doch endlich einmal dieses Baby. Ja, ja. Hier kann man schreien zum Gotterbarmen, das kümmert ja doch keinen."

So redet sie pausenlos, während Beate und Oskar Frau Roth säubern, die hatte Abführtag, und nachdem sie das Geschäft nun mit Erfolg erledigt hat, wird sie sich hoffentlich beruhigen.

„Wenn Ihnen das Baby da schon egal ist, dann sagen Sie mir wenigstens, wie spät es ist."

Weil sie ja gerade Frau Roth in der Mangel haben und dies ohnehin eine langwierige Angelegenheit ist und keiner eine Hand frei hat, kann auch keiner auf seine Armbanduhr schauen und ihr sofort die Uhrzeit sagen.

Na bitte.

Das reicht schon wieder.

Frau Bender ist sofort beleidigt und sagt giftig:

„Gut. Vielen Dank für Ihre überaus freundliche Auskunft. Ich bin es ja gewohnt, überhaupt keine Auskunft zu bekommen. Ich werde hier behandelt wie der letzte Dreck. Und diese Frau Kadel, die hier die ganze Nacht in meinem Zimmer sitzt, die beschützt ihr alle."

Oskar sagt:

„Ich kann im Moment wirklich nicht, aber gleich gucke ich auf meine Armbanduhr. Soweit ich mich erinnere, haben sie doch eine ,sprechende Uhr'. Da brauchen Sie doch nur auf den Knopf oben zu drücken."

„Ha. Sie glauben doch nicht, dass ich Ihnen jetzt sage, wo diese Uhr ist? Damit diese unmögliche Frau es hört und mir die Uhr auch noch klaut? Ich bin zwar blind, aber nicht blöd."

„Ach, Frau Bender. Wir waren vorhin im Zimmer von Frau Kadel. Sie schläft tief und fest."

So.

Jetzt ist aber was los.

Frau Bender springt auf, fährt in ihre Kleider, packt ihren Blindenstock, fuchtelt damit herum, kommt ans Bett von Frau Roth gestürzt, wo sie den Arm mit dem Stock zum Glück sofort sinken lässt, sieht oder sieht auch nicht, dass die Nachtwachen voll beschäftigt sind und stürmt durch die offen gebliebene Tür.

Oskar lässt Frau Roth, Frau Roth sein, und rennt ihr mit langen Schritten nach.

Hoffentlich geistert niemand sonst auf dem Flur herum, der ihr in die Quere kommen könnte.

Nein.

Niemand zu sehen.

Da ist nur die völlig entfesselte Frau Bender, die schwingt bedrohlich ihren weißen Stock und schreit herum, dass keiner sich vorstellen kann, wie das ist, völlig blind zu sein, dass die Nachtwachen extra nur in ihrem Zimmer ständig das Licht anknipsen, nur um sie zu blenden, sie hält das nicht mehr aus, und dann lassen die auch noch die ganze Nacht die Rollläden hoch und runter, damit sie zusätzlich von dem grellen Straßenlampenlicht vor den Fenstern geblendet wird, sie wird den Chefarzt anrufen, niemand kümmert es, dass Nacht für Nacht diese Frau in ihrem Zimmer lauert, keiner kümmert sich um das quiekende Baby, keiner kümmert sich hier überhaupt um irgendwas …

Also lässt Oskar sie einfach laufen und macht mit Beate endlich Frau Roth ohne Eile fertig.

Wenigstens die hat sich jetzt beruhigt.

Aufgebracht sagt er:

„Verstehst du, warum die Frau Bender ausgerechnet hier rein zu Frau Roth legen? Das ist doch vollkommen unmöglich. Frau Roth ist doch kein Schrank, dem es völlig egal wäre, wenn man gegen ihn wütet. Das ist doch viel zu gefährlich. Vielleicht geht diese wild gewordene Frau Bender doch mal mit ihrem Stock auf sie los, nur weil sie brüllt und quiekt. Das weiß man doch nicht."

Beate hebt ratlos die Arme:

„Wir haben das schon so oft in der Nachtwachen-Besprechung vorgebracht. So ist das eben leider, wenn sich niemand von den Angehörigen drum kümmert. Für sich selbst kann sie nicht mehr sprechen. Und ihr unmöglicher Sohn …"

Oskar kennt die Geschichte mit der Badewanne.

Frau Roth liegt jetzt still und gut abgepolstert auf der linken Seite.

Sie schauen beide auf dieses armselige Bündelchen Mensch herunter:

„Glaubst du, sie hört uns? Versteht, was wir zu ihr sagen?"

Nachdenklich sagt Beate:

„Weiß nicht. Bin ich mir selbst auch nie sicher. Man sollte eben einfach nichts sagen, was ihr weh tun oder sie beleidigen könnte."

Frau Bender fegt zur Tür herein:

„Hat euch der Chefarzt endlich mal in den Senkel gestellt? Unhaltbare Zustände sind das hier. Ich brauche keine Hilfe, eure schon gar nicht. Bin ja gezwungen dazu, alles alleine zu machen. Kümmert euch lieber um diese diebische Frau. Damit sie nicht wieder die ganze Nacht neben meinem Bett hockt. Danke."

„Aber, Frau Bender. Ich hab Ihnen doch gesagt, Frau Kadel schläft, die ..."

„Jaaaaaa. Die tut so. Das macht die immer so. Und dann, wenn jeder denkt, sie schläft, dann kommt sie und sackt alles ein, was mir gehört. Ach, rutscht mir doch alle den Buckel runter."

So schnell, wie sie in ihre Kleider gefahren war, hat sie die wieder aus und ihr Nachthemd an.

Vollkommen blind, von wegen.

„Gute Nacht, Frau Roth, gute Nacht, Frau Bender."

„Was an der Nacht gut sein soll, möchte ich ..."

Bevor sie zu Ende gesprochen hat, gehen die Nachtwachen aus dem Zimmer und schließen leise die Tür hinter sich.

Und ärgern sich im Stillen alle beide.

Wie oft haben sie es schon gesagt. Bender/Roth in einem Zimmer, das ist unmöglich, das geht irgendwann nicht gut aus?

Nichts geschieht.

Niemand rührt einen Finger.

Frau Roth wird weiter dieser Furie Frau Bender ausgeliefert sein.

Beate und Oskar können nur wünschen und beten, dass ihr auch in Zukunft nichts passieren wird.

Gottesmann

Ist ein Priester eigentlich noch Priester, wenn im Alter sein Verstand auf der Strecke bleibt?

Wahrscheinlich schon.

Sicher ist er für ewig und alle Zeiten zum Priester geweiht.

Pfarrer Hartmann lebt schon einige Jahre hier im Haus.

Vor Kurzem feierte er seinen 80. Geburtstag und in der Lokalzeitung erschien ein Artikel über ihn, natürlich mit Foto.

Fit wie ein Turnschuh lacht er einen darauf an, der alte Herr.

Aus diesem Anlass war er in seiner ehemaligen Pfarrgemeinde zur Heiligen Messe mit anschließendem Sektempfang ihm zu Ehren eingeladen.

Bei der Gratulationskür erkannte er zwar alle Leute wieder.

Dennoch sprach er jeden, aber auch wirklich jeden mit dem falschen Namen.

Ein sehr liebenswürdiger, hilfsbereiter, umsichtiger Pfarrer muss er gewesen sein.

Nur lobende Worte sind über ihn zu hören und er war sehr beliebt bei seinen Schäfchen.

Und heute?

Was für ein kurioser Anblick das ist, wenn die Nachtwachen beim ersten Rundgang die Tür zu seinem Zimmer öffnen.

Da liegt ein seriöser, weißhaariger alter Herr mit einer dicken Hornbrille auf der Nase in seinem Bett, den Oberkörper züchtig mit einer dunkelblau und weiß gestreiften Schlafanzugjacke bekleidet und von da an abwärts alles blank und bloß, die Beine angezogen und gespreizt.

Ein Baby in alt.

Oder sein voluminöses, heiligstes Hinterteil, in eine hellblaue Klebewindel verpackt, lacht den Nachtwachen entgegen.

So schaut er jeden Abend, den der liebe Gott ihm noch geben mag, fern.

Nicht einmal hat er auch nur den Versuch gemacht, wenn die Tür aufgeht, die Bettdecke über seine Blöße zu ziehen.

Er hält sowieso alle Frauen, die sein Zimmer betreten, für Ärztinnen oder Krankenschwestern.

Und denen ist ja bekanntlich nichts, was den menschlichen Körper betrifft, fremd.

Wo ist das Schamgefühl?

Manchmal bleibt das wohl im Alter auf der Strecke.

Aber da ist er nicht der Einzige.

Mal begrüßt er die Nachtwachen mit einem Kichern:

„Kuckuck! Hallo! Hallo! Kuckuck!"

Oder er ruft ihnen fröhlich entgegen:

„Ja, wer kommt denn da zu so später Stunde? Das finde ich aber ganz hervorragend, dass Sie einmal nach mir sehen!"

Der Herr Pfarrer ist ein großer, schwerer Mann, nimmt aber nur zwei Drittel seines Bettes ein.

Zum Fernsehen hat er sich das Kopfteil ganz steil hochstellen lassen und bei seiner grotesken Haltung rutscht er ständig in Richtung Fußende, da ist das Bett dann zu kurz.

Damit er wieder mehr Platz darin hat, versuchen die Nachtwachen, ihn jedes Mal mit vereinten Kräften hochzuziehen, ach, aber das kann man getrost vergessen.

Schon in den nächsten Minuten liegt er wieder genauso weit unten wie vorher.

Ihn scheint es überhaupt nicht zu stören.

Bei dieser Aktion sagte einmal einer der Pfleger zu ihm: „Wissen Sie, Sie sind hier nicht zum Vergnügen, Herr Pfarrer!" Daraufhin fing er so unbändig an zu lachen, dass er einen Hustenanfall kriegte, an dem er fast erstickt wäre.

Auf seinem Nachttisch, einschließlich des hoch geklappten Seitenteils, herrscht jede Nacht ein unglaubliches Durcheinander, in der Mitte macht sich eine große runde Dose Butter-Cookies breit, deshalb Keksstücke und Krümel in seinem Bett, auf dem Fußboden davor und auf dem Nachttisch.

Dazwischen tummeln sich aber noch Orangenschalen, Trauben, braun angelaufene Bananenschalen, ein angebissener Apfel, manchmal nur das Ober- oder Unterteil seines Gebisses, manchmal auch beide Teile und oft thront oben drauf majestätisch der Telefonhörer, den hat er vergessen, auf der Festnetzstation abzulegen, und der tutet, wer weiß wie lange schon, vor sich hin.

Und inmitten dieses Chaos baumelt in ihrer Halterung am gepolsterten Bettgitter noch die wohl gefüllte Urinflasche, wenn die Nachtwachen Glück haben.

Haben sie aber Pech, dann hat er sie aus Versehen ins Bett oder über den Nachttisch gekippt, das kommt aber nur selten vor.

Als er noch eine Netzhose mit Einlage drin trug, legte er letztere, wenn sie eingenässt war, zum Trocknen über das Telefon, die Keksdose oder er hängte sie ordentlich über das Bettgitter.

Im Augenblick hat er deswegen eine Klebewindel an und benutzt seine Urinflasche, wie es sich gehört, obwohl er inkontinent ist, ist er manches Mal sogar trocken.

Nebenan im Wohnheim hat sich seine ehemalige Haushälterin eingemietet. Sie betüdelt ihn wie eine alte Ehefrau und sorgt dafür, dass „mein Herr Pfarrer" von allem das Feinste und Beste hat oder kriegt.

Braucht man sich nur seinen Rollstuhl anzuschauen, der sieht aus wie der stromlinienförmige Sitz eines Piloten und ist mit seinem wild gemusterten Stoffbezug sicher einer der teuersten.

Ansonsten ist diese Frau eine richtige Schreckschraube.

Immer zetert sie wegen irgendwas herum, und damals wollte sie ihn noch nicht mal zu den eigens für ihn organisierten Festlichkeiten anlässlich seines 80. Geburtstags aus ihren Klauen lassen.

So ganz weggetreten ist der Herr Pfarrer mit seinem Verstand ja noch nicht.

Deshalb wundern sich alle im Haus, dass er sich gegen diese Nervensäge nie richtig durchsetzen kann.

Zum Beispiel teilte er sich früher ein Doppelzimmer mit Herrn Pfeiffer.

Das gefiel den beiden alten Herren ausnehmend gut, sie hatten sich gegenseitig zum Plaudern.

Auch der Herr Pfarrer ist eben ein geselliger Mensch.

Aber den beiden sollte das Vergnügen an ihrer Mini-WG nicht lange vergönnt sein. Diese Frau machte so lange einen Riesenaufstand, bis „mein Herr Pfarrer" in ein Einzelzimmer

umziehen konnte, und dort besucht sie ihn seither jeden Tag.
Sucht ihn heim würde es wohl besser treffen.

Wenn sie jemanden von den Pflegekräften zu fassen kriegt,
spricht sie die oder den unweigerlich wegen irgendeiner
Kleinigkeit an, die schon wieder nicht zu ihrer Zufriedenheit
ausgeführt wurde.

Am liebsten hätte sie wahrscheinlich, dass eine Pflegekraft
ganz allein für „mein Herr Pfarrer" zur Verfügung stände.

Sie könnte ihn doch zu sich rüber ins Wohnheim nehmen!

Ob das überhaupt ginge?

Eher wohl nicht.

Lustige Vorstellung, wenn er bei ihr so blank und breitbeinig
in seinem Bett läge.

Sicher würde sie vor lauter Schreck einen Schrei ausstoßen
und sofort die Augen zuhalten und blindlings eine Decke
über „mein Herr Pfarrer" werfen.

Der Pfarrer ist so ein liebenswürdiger Mensch, aber immer
hängt diese unmögliche Person wie ein Damoklesschwert
über ihm und allem, was er tut.

Das Doppelzimmer hat sie ihm nicht gegönnt, seine
Geburtstagsfeier auch nicht, obwohl er sich da doch königlich
amüsierte, aber wahrscheinlich weiß er das alles gar nicht mehr
und erträgt diesen Zerberus mit nie versiegendem Humor.

Gestern Nacht saß er um zwei Uhr inmitten der Verwüstungen
in seinem Bett, Brille auf der Nase und Telefonhörer am Ohr.

Karena fragte, mit wem er da mitten in der Nacht telefoniert?

„Na, mit der Frau Stein. Aber sie nimmt nicht mal ab."

„Um diese Uhrzeit würde ich das aber mal schön bleiben lassen,
sonst wird die Frau Stein wahrscheinlich sehr ungnädig."

Er lachte so sehr, dass er einen seiner beängstigenden Hustenanfälle bekam und Karena und Sandra ihn schleunigst im Bett hochsetzen mussten.

Heute Nacht haben die beiden wieder zusammen Dienst.
Um drei Uhr klingelt der Pfarrer, das ist in letzter Zeit selten und daher etwas ungewöhnlich.
Aber seine Heiligkeit ist in Nöten, als sie seine Zimmertür aufmachen, flötet er sofort:
„Oh, oh, hier ist ja alles nass! Da ist mir doch jetzt ein kleines Malheurchen passiert …"
Von wegen Malheurchen.
Was ist das denn für eine Bescherung!
Was den Grad der Nässe anlangt, hat der Gute seine wahrscheinlich randvolle Urinflasche ins Bett gekippt, aufgeweichte Kekse, zermanschte Obststücke sowie seine ganze voluminöse Körperlichkeit sind total nass.
Er bibbert:
„Puh! Ist mir aber kalt …"
Ausgerechnet heute hat er statt des üblichen Pyjamas ein langes, weißes Männernachthemd an, er hat sich freigestrampelt, aber die Bettdecke ist wenigsten noch trocken, die liegt vor seinem Bett.
Damit er nicht mehr so frieren muss, wirft Sandra sie schnell über die ganze Misere, während Karena frische Wäsche holt.
Wieder zurück schaffen sie es mit viel Hin- und Herrollen, Laken, Unterlage und Stecklaken unter und eine große Klebewindel um den geheiligten Po zu kriegen.

Sie setzen ihn auf, jetzt muss nur noch das sorgfältig nach oben gerollte Nachthemd über den Kopf, trockene Sachen an und alles ist wieder in Butter und er kann weiterschlafen.

Aber das ist wie immer.

Der Mensch denkt und Gott lenkt.

Sandra geht zum Kleiderschrank, um ein frisches Nachthemd oder egal, eine Schlafanzugjacke zu holen, der Schrank ist abgeschlossen und der Schlüssel steckt nicht, sie fasst nach oben auf den Schrank, da ist er auch nicht.

Im Märchen sagen sie dann meistens:

Da war guter Rat teuer.

„Meine Güte, Herr Pfarrer, wo ist denn der Schlüssel für diesen Schrank? Obendrauf liegt er auch nicht, Sie brauchen jetzt ganz schnell was Trockenes zum Anziehen, sonst fangen Sie gleich wieder an zu frieren!"

„Den Schlüssel? Ja. Den hat Frau Stein."

„Wieso das denn?"

„Na, die schließt den Schrank eben immer ab."

„Kann sie ja. Aber sie muss dann den Schlüssel hier irgendwo hinlegen, damit wir Ihnen, wenn nötig, in der Nacht frische Wäsche aus dem Schrank holen können."

„Also, ich weiß nicht, wo der hier sein sollte. Die Frau Stein schließt den Schrank immer ab, weil sie sagt, sonst wird meine Wäsche, meine Kleider, alles, was drin ist, geklaut. Sie behauptet, hier im Haus kommt alles weg, wenn ein Schrank nicht immer abgeschlossen ist. Und dann steckt sie den Schlüssel ein. Glaube ich wenigstens."

Na, eine große Hilfe ist er nicht. Was sie hier wegen so einem Blödsinn wieder für eine Zeit vertrödeln.

Irgendwie muss es jetzt weiter vorangehen. Sandra wird wütend auf diese doofe Haushälterin.

„Ja, soll ich jetzt mitten in der Nacht die Frau Stein anrufen? Damit sie mit dem Schlüssel rüberkommt und Sie endlich einen trockenen Faden an den Leib kriegen können?"

„Eh ja, vielleicht ist er doch in meiner Nachttischschublade?" Er ist quietscht vergnügt, lacht vor sich hin, während Sandra immer wütender wird.

Diese Haushälterin hat doch wirklich nicht alle Tassen im Schrank.

Sandra wühlt mit spitzen Fingern in der Nachttischschublade rum, klebrige Bonbons, benützte Tempos, zerquetschte Trauben, angebissene Kekse, als hätte das Gebiss, welches sich ausnahmsweise ebenfalls darin tummelt, von selbst zugeschnappt, aber nicht der Hauch eines Schlüssels.

Sie knallt die Schublade zu und sagt wütend:

„Wirklich. Das ist jetzt mein Ernst, Herr Pfarrer, Nacht oder nicht Nacht, ich rufe jetzt Ihre Haushälterin an. Sie soll sich schleunigst auf die Socken machen und mir diesen dämlichen Schrank aufschließen."

Der Pfarrer findet diese Vorstellung wohl sehr komisch und lacht schallend, diesmal wenigstens ohne seinen obligatorischen Hustenanfall, Sandra lässt ihre Blicke schweifen und Karena hat die Unterwäsche für den nächsten Tag auch schon auf dem Stuhl liegen sehen, sie greift sich das Unterhemd.

Muss es eben so gehen.

Das hochgerollte Nachthemd über den Kopf und über das trockene, leider ziemlich enge Unterhemd, und während sie arbeiten, hält Sandra ihm einen Vortrag:

„Das nächste Mal, das können Sie Frau Stein ausrichten, wenn Ihr Kleiderschrank wieder abgeschlossen und der Schlüssel nicht auffindbar ist, dann rufe ich sie an, auch wenn es wie jetzt drei Uhr in der Frühe ist. Da kann sie sich mal 100 Prozent sicher sein."

Er kichert und sagt:

„Sie sind aber eine energische Person!"

Und weil Sandra gerade so in Fahrt ist und nicht vergessen hat, was diese Haushälterin ihm und allen hier schon für Steine in den Weg gelegt hat oder legen wollte, sagt sie:

„Kann schon sein. Ganz genau wie Ihre Frau Stein. Aber sie ist wohl noch energischer und bestimmt hier bei Ihnen einfach alles und jedes."

„Ja, ja. So ist sie eben!"

„Und warum lassen Sie sich das von ihr gefallen? War sie denn schon immer so?"

„Na ja. Nicht ganz so. Aber jetzt ist sie mir auch ein bisschen z u energisch. Aber jetzt ist es zu spät. Jetzt kann man auch nichts mehr machen."

Wie wahr. Wenigsten ist für heute Nacht alles geregelt.

Karena und Sandra sind erstaunt, wenigstens was seine Haushälterin angeht, hat der Pfarrer den absoluten Durchblick.

Aber auf diese ist das ganze Personal nicht gut zu sprechen. Das mit dem Schlüssel schreibt Sandra in aller Ausführlichkeit in die Pflegedokumentation.

Das muss Viola jetzt endlich mal dem Heimleiter zeigen, denn so geht das nicht weiter mit dieser Person. Der Frühdienst erzählt von ihr Horrorgeschichten.

Einmal saß der Herr Pfarrer in der von ihm so sehr geschätzten Gesprächsrunde, da wird gesungen, geschwatzt, diskutiert und auch Anekdoten werden zum Besten gegeben, er freut sich immer darauf und geht sehr gerne hin.

Ganz friedlich und zufrieden saß er da, als plötzlich seine Haushälterin wie eine Furie angerast kam.

Sie schimpfte ihn aus, was er denn da mache, er hätte doch gewusst, dass sie käme, er sollte doch in seinem Zimmer sein und dort auf sie warten!

Und bevor jemand auch nur den Mund aufmachen konnte, schon gar nicht „mein Herr Pfarrer", hatte sie schon seinen Rollstuhl gepackt, fuhr in ihrer Rage zwei, drei Leutchen über die Füße, die kreischten vor Schreck, aber Frau Stein würdigte sie keines Blickes und karrte ihren Schützling zum Fahrstuhl und ab nach oben in sein Zimmer.

Ein anderes Mal ging es dem Herrn Pfarrer sehr schlecht und es wurde erst nur in Erwägung gezogen, den Notarzt für ihn zu holen, aber schließlich wurde er doch bestellt.

Da erschien sofort die allgegenwärtige Frau Stein auf der Bildfläche, warf einen Blick auf den Pfarrer, sagte, er sei völlig in Ordnung und den Notarzt zu bestellen vollkommen überflüssig, das sollte auf der Stelle rückgängig gemacht werden.

Viola verbat sich damals ihre Einmischung, sie ist schließlich Wohngruppenleiterin und trägt die Verantwortung bei solchen Entscheidungen.

Der Notarzt kam und das war auch bitter nötig, aber diese Haushälterin zeterte die ganze Zeit herum, noch tagelang, da ging es ihm schon längst wieder besser.

Der Gipfel war dann die Karneval-Veranstaltung.

Begeistert hatte der Herr Pfarrer zugesagt.

Er liebt solche Ereignisse, er sagt immer, die machen das Leben bunter.

Flugs machte er sich mit seinem Rollstuhl dorthin auf den Weg, wer kam angefegt?

Frau Stein schrie herum, beorderte Viola ins Dienstzimmer.

Was Viola sich denn herausnähme!

„Mein Herr Pfarrer" und eine Karneval-Veranstaltung!

Das sei ein Unding, eine Unverschämtheit!

Viola bestand darauf, dass der Herr Pfarrer immer noch selbst seine Wünsche äußern könnte, und wenn er selbst sage, er wolle gerne hin und er freue sich drauf und schon auf dem Weg dorthin sei, habe niemand, auch sie nicht, das Recht, ihn daran zu hindern.

Da rastete Frau Stein total aus:

„Und noch was. Manchmal streichen Sie ihm übers Haar. Das verbitte ich mir. Das kann ich gar nicht vertragen. Das lassen Sie gefälligst bleiben. Sagen Sie nicht, das wäre nicht so. Ich habe es selbst gesehen."

Und in ihrer maßlosen Wut knallte sie Viola eine.

Ja.

Unglaublich.

Frau Stein gab ihr eine schallende Ohrfeige.

Viola stand da, bleich, zitternd.

Wusste nicht, was sie machen sollte.

War geschockt.

Damals war das Ganze damit eine Sache für den Heimleiter geworden.

Der Fall Pfarrer/Haushälterin und deren permanenten Einmischungen wurden ihm vorgetragen, mit den Eintragungen in der Pflegedokumentation untermauert.

Und was machte der?

Redete und redete, was er ohnehin gerne macht, konnte sich aber nicht entschließen, Frau Stein mal endlich gehörig die Meinung zu geigen.

Und warum?

Der Heimleiter hatte einfach Angst, diese Haushälterin könnte den Pfarrer überreden, in ein anderes Altersheim umzuziehen.

Er war und ist so stolz darauf, den jetzt über achtzigjährigen Herrn Pfarrer Hartmann in seinem Haus zu haben.

Der ist nämlich ein prachtvolles Vorzeigestück.

Und möglicherweise würde diese Frau Stein auch wieder einfach an den Bischof schreiben, das wäre nicht das erste Mal, das hatte sie schon einmal gemacht, als sie so scharf drauf war, dass „mein Herr Pfarrer" dieses Einzelzimmer bekommen sollte.

Damals hatte der Heimleiter sich feige aus der Affäre gezogen. Jeder ärgerte sich darüber und genau aus diesem Grund hat Sandra die Schlüsselangelegenheit haarklein in der Pflegedokumentation festgehalten.

Sie sagt zu Viola noch, dass der Heimleiter sie gerne anrufen kann, sie wird ihm die Situation von der vergangenen Nacht schildern.

So etwas geht einfach nicht.

Diese impertinente Person von Haushälterin muss endlich mal in ihre Schranken gewiesen werden, hier wird sich niemand mehr ihre dauernden Einmischungen gefallen lassen.

Das Maß ist längst voll.

Als Sandra und Karena das nächste Mal zusammen Dienst haben, ist der Schrank zwar wieder wohlverschlossen, aber der Schlüssel liegt gut erreichbar obendrauf.

Hat der Heimleiter wohl doch endlich mal ein Machtwort gesprochen.

Vorerst Ende der Kontroverse Haushälterin/Personal.

In dieser Nacht gibt es keine besonderen Vorkommnisse beim Herrn Pfarrer, sie wechseln nur seine Klebewindel.

„Gute Nacht, Herr Pfarrer, und schlafen Sie gut."

Wie das Amen in der Kirche kommt sein Schlusswort für die Nachtwachen:

„Ich werde Sie in meine Fürbitten einschließen. Und beim Heiligen Vater werde ich ein gutes Wort für Sie beide einlegen."

Sachte schließen sie die Tür und Karena flüstert Sandra zu:

„Na, da kann uns ja nichts mehr geschehen auf dieser schlechten Welt …"

Liebe

Der Frühdienst hatte in der Pflegedokumentation bei Herrn Bender festgehalten:

„Herr Bender kniete in der vorderen Sitzecke vor Frau Reich und hatte ihr die Hand unter den Rock geschoben. Ich bat ihn, dies in der Öffentlichkeit zu unterlassen und in eines ihrer Zimmer zu gehen."

Am Nachmittag gefolgt von einem Eintrag von Holger:

„Frau Reich zieht ihr Kleid hoch und Herr Bender fasst nach ihrem Intimbereich. Sie ist nicht abgeneigt. Ich bat sie, in ihr Zimmer zu gehen. Da nur Herr Bender ein Einzelzimmer hat, waren beide mehrmals für 10 Minuten in seinem Zimmer."

Eieiei.

Immerhin.

Herr Bender ist 82 Jahre alt, Frau Reich 78 Jahre und sie sind das zärtlichste Liebespaar, das man sich nur vorstellen kann.

Frau Reich bewohnt ein Doppelzimmer zusammen mit Frau John und die schaut sich das ganze Treiben mit ziemlich scheelen Augen an.

Das ist ja verständlich.

In der Nacht liegt sie hinter ihrem zugezogenen Vorhang.

Und jeden Morgen vor dem Frühstück steigt ihr der Duft von frisch gebrühtem Kaffee in die Nase, aber sie kriegt keinen.

Nie.

Nachdem er höflich angeklopft hat und geduldig auf ihr „Herein" gewartet hat, bringt Herr Bender seiner Angebeteten eine Tasse herrlich heißen Kaffee.

Das ist ein Ritual und findet zwischen sechs und sieben Uhr statt.

Eine Tasse für sie, eine Tasse für ihn.

Nur manchmal unterbrochen, wenn sie zur Toilette muss, weil sich Stuhlgang ankündigt.

Da hält er sich dann doch zurück.

Da klingelt er den Nachtwachen und verlässt brav das Zimmer, wenn Frau Reich zur Toilette geführt wird.

Sie hat einen ganz übelriechenden, lehmfarbenen Stuhlgang.

Die Nachtwachen sind ja einiges gewöhnt, aber so vor dem Frühstück schlägt dieser Gestank ganz schön auf den Magen.

Ansonsten kümmert er sich rührend um seine Freundin und man kann ihre Mitbewohnerin verstehen.

Auf dem Nachttisch von Frau Reich stehen die ersten Erdbeeren des Jahres, gefolgt von Himbeeren, Johannisbeeren, Pfirsichen, Aprikosen und Trauben.

Im Winter Mandarinen und Orangen, selbstverständlich schon geschält, die Segmente im hübschen Kranz auf den Teller gelegt, und wie es duftet!

Frau John geht immer leer aus.

Frau Reich liegt in ihrem Bett, dreht an ihren Ringelchen und lächelt.

Am Mittel- und Ringfinger der linken Hand trägt sie mit winzigen Edelsteinen besetzte Ringe, die dreht sie unentwegt, so wie manche Menschen die Perlen eines Rosenkranzes durch die Finger gleiten lassen.

Eben gerade hat Frau John geklingelt, sie möchte zur Toilette gebracht werden.

Frau Reich schaut noch fern, auch dabei dreht sie an ihren Ringen.

Damit sie nicht gleich noch einmal in diesem Zimmer antanzen müssen, bittet Nele auch Frau Reich, doch bitte vor dem Schlafengehen noch mal die Toilette aufzusuchen. Tine kommt gerade mit Frau John zurück.

Der Fernseher wird ausgemacht, Frau John liegt zufrieden im Bett und Frau Reich entschwebt trällernd ins Bad.

Ein breites Lächeln auf dem Gesicht kommt sie vor sich hin summend zurück, legt sich in ihr Bett, deckt sich sorgfältig zu, legt die Hände auf die Bettdecke, dreht ihre Ringlein und sagt ganz verträumt:

„Ach ja, mein Schatz. So ist es gut, mein Schatz."

Nele und Tine sehen sich an und grinsen.

„Gute Nacht, Frau John! Gute Nacht, Frau Reich!"

Ein doppeltes Echo antwortet ihnen.

Jetzt, da sie ohnehin schon oben sind, können sie hier auch gleich mit dem ersten Rundgang anfangen. Bei den anderen Wohngruppen steht nichts Dringendes an.

Herr Bender macht seine Zimmertür auf und schaut in den Flur. Während Tine und Nele sich von Zimmer zu Zimmer voran arbeiten, tigert er die ganze Zeit im Flur auf und ab.

Als wäre er auf der Suche nach etwas und hätte ganz einfach vergessen, was das sein könnte.

Als sie die Runde beenden, verschwindet er wieder in seinem Zimmer.

Herr Bender ist sozusagen das Mädchen für alles hier im Haus. Vor allen Dingen macht er sehr viele Besorgungen für andere Hausbewohner.

Den größten Teil seiner Zeit aber widmet er seiner Freundin. Nachmittagskaffee und Kuchen wird den beiden in seinem Zimmer serviert.

Dort liegt sie ausgestreckt auf dem Bett, Kissen im Rücken, damit sie's auch bequem hat, die bestrumpften Füße zierlich gekreuzt, mit ihren Ringelchen spielend.

Er sitzt ihr gegenüber im Sessel und manchmal gucken sie zusammen fern, hören Radio oder unterhalten sich angeregt oder … was auch immer, es sei ihnen von ganzem Herzen gegönnt.

Herrn Bender ist bekannt, wie krank seine Freundin schon seit langer Zeit ist, und ihm ist klar, dass es von heute auf morgen mit ihr vorbei sein kann.

Er weiß aber auch, dass sie auf dem hiesigen Friedhof schon seit einigen Jahren eine Grabstelle für sich gekauft hat.

Das war, bevor er sie in diesem Altersheim kennenlernte.

Seither ließ er bei der Friedhofsverwaltung nicht locker und schließlich hatte er Glück.

Zuerst konnte er das Grab neben ihrem für sich reservieren lassen und später auch kaufen.

Er ist ganz stolz darauf und erzählt es jedem.

Außer seinem Neffen.

Der wäre nämlich sein Haupterbe und der würde es mit Sicherheit überhaupt nicht angebracht finden, dass Herr Bender sein gutes Geld für so was ausgibt.

Also versteckt Herr Bender die Dokumente in seinem Zimmer. Sein in Gegenwart des Heimleiters handgeschriebenes Testament mit seinem „letzten Willen" auch, so dass dieser Neffe seine Grabstelle nicht einfach wieder verkaufen kann.

Seine Liebe zu Frau Reich geht über den Tod hinaus.

An einem wunderschönen Frühlingstag stirbt sie ganz plötzlich, nicht an ihrer unheilbaren Krankheit, sie erleidet einen Herzinfarkt.

Es wird noch versucht, sie zu reanimieren, aber nein, da ist alle Mühe vergebens.

Herr Bender ist todtraurig.

Es ist, als hätte ihm jemand seinen Lebensinhalt gestohlen, ja, seine Daseinsberechtigung.

Nur ein paar Wochen später wird bei ihm ein inoperabler Krebs festgestellt.

Er hat eine große, schlecht heilende Wunde in der Leistengegend, die er selbst versorgt, sollte sie durchbluten.

Er überlebt seine Freundin nur um ein halbes Jahr.

Jetzt sind sie schon lange in ihren nebeneinander liegenden Gräbern für alle Ewigkeit miteinander vereint.

Zwischen den beiden identischen Grabsteinen mit den verschiedenen Namen steht eine schlanke, ganz wunderschöne Birke.

Im Frühling sieht sie mit ihrem zarten, grünen Blätterschleier aus wie eine junge Braut.

Im Herbst streut sie ihre goldenen fast herzförmigen Blätter verschwenderisch über beider letzte Ruhestätte.

Gebetsmühle

„Kokolo-o-rum, Koko-leiii, Kokolooo-o-rum. Ja, was wollt ihr denn hier? Raus. Macht, dass ihr rauskommt. Aber schnell. Jetzt nehmt mir doch nicht alles fort! Lasst mich doch unter der Bettdecke liegen. Das ist mein Bett. Mein Bett ist das. Ko-ko-lo-o-rum!"

Kirchenchoräle mit fremdartigem Text im Falsett gesungen.

Das Bett von Frau Schneider ist Nacht für Nacht total zerwühlt. Sie selbst ist so klein und mager, dass man sie kaum darin findet.

Während die Nachtwachen alles wieder schön ordentlich machen, wuselt sie durchs Zimmer, schwatzt, lacht und singt vor allen Dingen in den höchsten Tönen.

Sie ist so ein umtriebiges, putziges Frauchen.

Wenn sie nur nicht spucken würde wie ein Lama!

Überall hängt der milchige Schleim rum.

Diese Spuckerei ist ihr einfach nicht abzugewöhnen.

Aufpassen, dass man nicht reintritt.

Aufpassen, dass man nicht reinfasst.

Wer sie einmal husten gehört hat, kommt nie mehr auf die Idee, sich eine Zigarette anzustecken.

Das klingt, als hätte sie keine Lunge, sondern nur noch Fetzen davon in der Brust.

Und manchmal hört sie sich an wie eine Gebetsmühle:

Vaterunserderdubistimhimmel.

Gegrüßetseistdumariadubistvolldergnaden.

Jedes Gebet ist bei ihr nur ein einziges langes Wort, pausenlos in einer Endlosschleife wiederholt.

Wenn sie sich bloß nicht mal selbst mit ihren eigenen Klamotten in der Nacht erdrosselt!

Manchmal hat sie schon richtig tiefe Striemen am Hals, weil sie alles total verquer über und um und untereinander anzieht.

Drei Unterhemdchen und vier Unterhosen, zwei Netzhosen und die Einlage.

Darüber Strumpfhosen plus Söckchen.

Lange Hose, Röcke drüber, Blusen, als Krönung über allem eine Jacke.

Der wandelnde Kleiderschrank.

Aus dem schälen die Nachtwachen sie geduldig heraus.

Wie kann es anders sein, unter Ach- und Wehgeschrei und unzähligen Koko-lo-o-rums.

Ärgerlich sagt sie:

„Hör mal. Du brauchst aber gar nicht immer Frau Schneider zu sagen. Ich bin die Thea. Ich bin das The-a-lein!"

Na gut.

Wenn man sie dann nach getaner Arbeit zudeckt und sagt:

„Gute Nacht, und nun schlaf schön, Thealein."

Ach.

Dann ist sie so milde gestimmt.

Sie schmilzt dahin:

„Ja. Du kannst das aber gut. Du bist aber so lieb zu mir. Ko-ko-lo-rum-lei-chen."

Trotz Spucken und Schimpfen ist sie so eine liebenswürdige kleine Frau.

Man merkt einfach, dass sie das alles gar nicht böse meint.

Manchmal können die Nachtwachen sie schon hören, wenn sie die Tür vom Treppenhaus zur Wohngruppe aufmachen.

Sie hat ihre Zimmertür nur einen Spaltbreit auf.

In ihre zahllosen Klamotten gehüllt steht sie dahinter und flötet sanft in den stillen Flur:

„Ko-ko-lo-o-rum, Koko-lei-ei-chen ..."

Neulich hat sie Pia mal mächtig verblüfft.

Die hatte sie zu Bett gebracht, ihr eine gute Nacht gewünscht und dann die Bettdecke statt bis zum Hals nur bis zur Brust über sie gebreitet:

„Du. Du bist sehr lieb. Aber deck mich jetzt mal richtig zu. Sonst-zieh-ich-dir-gleich-die-Ham-mel-bein-chen-lang."

Ach, schimpfen hin und spucken her.

Sie ist so ein witziges kleines Frauchen.

Man kann gar nicht anders.

Man muss sie einfach lieb haben.

Horror

Drei Nächte.

Sie werden sich ineinanderschieben wie eine einzige Kakophonie des Grauens, denn im ganzen Pflegeheim wütet der Brechdurchfall.

Das ist die dritte Nacht, in der Oskar und Hanne zusammen Dienst haben.

Oskar studiert Medizin und finanziert so sein Studium.

Er ist einiges gewöhnt, unter anderem vom Sezieren, „kalte Platte" nennt er das.

Auch die schauerlichsten Bilder können das, was hier im Augenblick los ist, nicht wiedergeben, sagt er.

Denn Bilder haben keine Geräusche, Bilder haben keine Gerüche.

Manche Bewohner haben die Krankheit schon hinter sich.

Andere sind mittendrin, und da fangen die nächsten schon wieder an.

Bevor die beiden in der Nacht ein Zimmer betreten, machen sie erst einmal vorsichtig die Tür auf und riechen in das Zimmer hinein.

Dann Hauptlicht an und ganz vorsichtig hineingehen.

Hanne wäre nämlich gestern beinahe in der Kotze ausgerutscht.

Wo es stinkt, begegnet ihnen überall das gleiche Elend.

Männlein oder Weiblein liegen oder sitzen schreckensstarr im Bett.

Die Gesichter bleich und vor Ekel verzerrt.

Die ganze Breitseite voll Erbrochenem.

In hohem Bogen gegen die Wand.

Oder in Lachen vor dem Bett.

Es ist einfach nicht zu glauben.

Unter jeder besudelten Bettdecke, die sie zurückschlagen, das gleiche Bild.

Manchmal läuft die braune Durchfallsoße an beiden Seiten der Matratze herunter.

Oder hat sich nur in der Bettkuhle gesammelt.

Wer noch aufstehen kann, ist vor Schreck aus dem Bett gesprungen.

Tappt im Erbrochenen herum, während der Durchfall weiter an den Beinen herunterläuft.

Frau Müller schießt den Vogel ab.

Mitten im dunklen Zimmer ist sie in ihrem Erbrochenen ausgerutscht und hingefallen.

Da, wo die arme Frau liegt, fängt jetzt auch noch der Durchfall an und die Kotzerei geht weiter.

Mit entsetztem, schmerzverzerrtem Gesicht schaut sie den Nachtwachen entgegen.

Bis sie dieser Brechreiz wieder schüttelt.

Ein Bündel Mensch, wie es elender und armseliger gar nicht sein kann.

Hanne und Oskar stürzen zu ihr hin, um zu helfen.

Rein in das glitschige übelriechende Chaos.

Wenn sie sich nur nicht auch noch was gebrochen hat!

Nein, sie steht, vielmehr hängt sie zwischen ihnen.

Stößt atemlos hervor, dass ihr gar nichts wehtut.

Es ist nur der Schreck.

Und ihr ist so schlecht.

Kaum kann sie verschnaufen, da geht das Würgen wieder los. Oskar und Hanne halten die Frau rechts und links unter den Achseln, damit sie nicht vornüber fällt, sie krampft, krümmt sich zusammen, speit einen Schwall ins Zimmer, wie Wasser läuft der Durchfall an ihren Beinen herunter, vermischt sich auf dem Fußboden mit dem vorher Erbrochenen.

Mitten in dem ganzen Schlamassel mühen sich die Nachtwachen ab.

Sie schnappen verzweifelt nach Luft.

Aber auch sie stinkt, ist verpestet, verdorben.

Jetzt würgen die beiden selbst.

Wünschen sich Sauerstoffgeräte mit reiner Luft vor den Nasen.

Raumfahreranzüge und Roboterhände.

Haben aber nichts von all dem.

Sind nur notdürftig mit Stoffschürzen und Gummihandschuhen ausgerüstet.

Und dann reißen diese dünnen Handschuhe auch noch so oft.

Dann greifen sie mit bloßen Händen in dieses Inferno menschlicher Absonderungen.

Sie zerren der zitternden Frau das besudelte Nachthemd vom Leib.

Tragen sie fast unter die Dusche.

Das wohlig warme Wasser und der Duft der Seife tun ihr und ihnen gut.

Nachdem sie sauber ist, kriegt sie die dickste und größte Klebewindel angezogen, die überhaupt nur in ihrem Schrank zu finden ist.

Wie sie sagt, geht es ihr jetzt schon wieder viel besser.

Sie setzen sie zuerst noch mal in einen Sessel.

Sofort will sie aufstehen, um sich ins Bett zu legen.

Oh nein, bitte noch nicht.

Oskar und Hanne können ja nicht alles auf einmal machen.

In fliegender Hast ziehen sie das Bett ab, beziehen es komplett neu.

Wischen den Fußboden.

Alles, was nötig ist, muss erst geholt werden, das kostet Zeit.

Frau Müller liegt sauber, trocken und warm in ihrem Bett.

Endlich können beide zum Fenster stürzen, sie reißen es auf.

Luft.

Frische, nach Flieder duftende Nachtluft.

Unglaublich.

Der Frühling atmet da vor dem Fenster, lautlos entfalten sich Blumen und Blätter, Blütenknospen springen auf.

Ein Blick auf die Uhr und sie rennen weiter.

Wer weiß, was sie noch erwartet?

Bei Frau Müller haben sie jetzt so lange gebraucht und sie müssen nachher unbedingt noch mal nach ihr sehen.

All die anderen Bewohner jetzt noch.

Lieber Gott, lass wenigstens keinen mehr hingefallen sein!

Sie müssen nämlich bei jedem Bewohner, der hingefallen ist, einen ausführlichen Bericht verfassen, das auch noch.

Sie schaffen fünf Zimmer, in denen alles normal ist, Tenawechsel und lagern.

Die ganze Zeit haben sie diese Bilder im Kopf, dieses Würgen in den Ohren und den infernalischen Gestank in der Nase.

Der wird sich auch so schnell noch nicht verflüchtigen, der kriegt neue Nahrung.

Oh Gott, bitte lass das nicht wahr sein!

Herr Lauter glitscht splitterfasernackt durch eine Lache aus gelblich Erbrochenem und dunkelbraunem Durchfall.

Wie ein abartiges Dessert rührt er beides mit den Füßen durcheinander.

Hanne und Oskar können ihn gerade noch auffangen, bevor er auch noch reinfällt.

„Mensch, haut bloß ab! Lasst mich los! Hiiilfe, was macht ihr denn da?"

Er brüllt und schlägt nach ihnen.

Es bleibt ihnen nichts anderes übrig, wie die Löwen kämpfen sie mit diesem völlig ausgerasteten Greis.

Ein unmöglicher, glitschiger, ganz ekelhafter Ringkampf.

Nein.

Herr Lauter kann es einfach nicht einsehen, nein.

Er will nicht sauber gemacht werden.

Die Nachtwachen würden allerdings auch lieber was anderes tun.

Inmitten der Höllendämpfe waten sie mit ihm zur Dusche.

Dabei würgt und würgt er, aber es kommt nichts mehr.

Auch für ihn die dickste und größte Klebewindel.

Bett beziehen.

Boden wischen.

Fenster aufreißen.

Tür zu.

Weiter.

Und weiter und weiter und weiter.

Auch heute Nacht bleibt ihnen nichts erspart.

Kein Mensch glaubt das.

Hört dieses Inferno denn gar nicht mehr auf?

Fast überall das gleiche Elend, eigentlich unterscheidet sich nur die Farbe der Kotze.

Gelblich, grünlich, orangefarben.

So werden sie ja nie im Leben fertig.

Wenn sie eine Tür schließen, geht dahinter das Wimmern und Würgen gleich wieder los.

Sollten sie heute überhaupt je mit dem Rundgang fertig werden, können sie gleich wieder von vorne anfangen.

Jetzt sind die Pflegedokumentationen einzutragen.

Aber, Glück im Unglück, nur ein einziger Sturz-Bericht ist abzufassen, der von Frau Müller.

Und nach dem Schreiben gehen die Nachtwachen noch mal los.

Aber egal, was jetzt noch ist, endlich muss auch mal Schluss sein.

Gleich kommt der Frühdienst.

Dann ist die Übergabe fällig.

Der Frühdienst wird sich freuen.

Oskar und Hanne verbrauchen beim Waschen den halben Seifenspender.

Lassen Kaskaden von Wasser über ihre Arme und Hände laufen.

Würden sich am liebsten gleich alle Kleider vom Leib reißen und an Ort und Stelle verbrennen, geduscht, nackt und bloß nach Hause fahren.

Nur endlich weg hier.

Nichts wie weg.

Hoffentlich haben sie sich nicht angesteckt, man muss den Bewohnern ja so verdammt nahe kommen!

Gegenseitig trösten sie sich:

Es sind ja nicht alle Nächte so.

Das wird ja irgendwann ein Ende haben mit diesem Virus.

Dicke Bäusche Zellstoff tränken sie mit Desinfektionsmittel.

Der reine Alkohol, den sie da riechen, wenn schon, der Gestank soll endlich aus ihren Nasen verschwinden.

Nochmal neuer triefend nasser Zellstoff.

Damit reiben sie über ihre Kleider.

Wischen ihre Schuhe ab und trampeln auf den durchnässten Zellstoffknäulen herum, um auch die Sohlen zu säubern und zu desinfizieren.

Trotzdem.

Der Gestank begleitet sie bis nach Hause.

Und da Kleider runter, sofort alles in die Waschmaschine.

Ab in die Dusche.

Vor der Wohnungstür stehen auf einem Packen Zeitungspapier die Schuhe.

Aber die abstoßenden Bilder, der infernalische Geruch und die widerwärtigen Geräusche verfolgen Hanne und Oskar bis in ihre Träume.

Reingelegt

Mann. Mann. Mann.

Zum 70. Geburtstag von Herrn Gabrieli sollte eine prachtvolle Feier in einem der besten Restaurants der Stadt ausgerichtet werden.

Fast alle Verwandten, Freunde und Bekannten hatten ihr Kommen zugesagt.

Am Morgen des Ehrentages schlug Frau Gabrieli die Augen auf und fand sich allein im Schlafzimmer, das Bett neben ihr leer.

Erst einmal dachte sie sich gar nichts dabei.

Ihr Mann war wohl schon im Badezimmer.

Aber da war er eben nicht.

Nirgendwo im Haus war er.

Das Geburtstagskind blieb unauffindbar.

Und dann der Schock:

Klammheimlich hatte er sich in der Nacht davongemacht.

Und mit wem?

Mit ihrer besten Freundin.

Jetzt oder nie hatte der Mann sich wahrscheinlich gedacht.

Die beiden hatten am sehr frühen Morgen ein Flugzeug bestiegen und waren auf und davon nach New York.

Da hatte Herr Gabrieli sich schon vor geraumer Zeit eine Wohnung gekauft, von der seine Frau nicht das Geringste ahnte.

Sämtliche Konten hatte er dafür leergeräumt.

Wie hätte sie auch vorher was merken sollen?

Die Sache mit den Finanzen, die hatte sie immer voll und ganz ihrem Ehemann überlassen.

Nie hatte sie sich darum gekümmert.

Und folgerichtig kannte sie sich jetzt überhaupt nicht damit aus.

Arme Frau Gabrieli.

Die Geburtstagsfeier musste abgesagt werden, alle wieder ausgeladen.

Geld kostete es trotzdem.

Was ein Fest werden sollte, wurde ein Skandal.

Niemand, auch der Sohn und die Tochter, sahen ihren Vater je wieder.

Und Frau Gabrieli?

Die musste das Haus verkaufen, in dem ihre Kinder groß geworden waren und in dem sie über 40 Jahre in schönster Eintracht mit ihrem Mann gelebt hatte.

Dachte sie.

Weil auch sie schon über 70 Jahre alt war und ihren Kindern auf gar keinen Fall zur Last fallen wollte, entschloss sie sich gleich, die letzten Jahre ihres Lebens im Altersheim zu verbringen.

An sich ist sie noch ziemlich klar im Kopf, aber manchmal …

„Mein Mann ist heute in der Nacht gestorben, trotzdem, die Kinder müssen gleich in die Schule, die sind spät dran."

Das war eine ihrer Standardaussagen.

Nur ohne Konsequenzen.

Es gibt Tage, da hat sie Herzschmerzen.

Na, kein Wunder.

Dann bekommt sie Nitro-Spray.

Und ab und zu spricht sie dem Alkohol mehr zu, als ihr gut tut.

So betrunken sie auch sein mag, sie schafft es immer noch, in der Nacht alleine zur Toilette zu gehen und danach wieder ins Bett, um ihren Rausch auszuschlafen.

Am Morgen bei der Übergabe sagte Pia gestern trocken:

„Das muss man sich mal vorstellen. Bist über 40 Jahre verheiratet und dann im Alter so eine Katastrophe. Da würde manch anderer auch anfangen zu saufen …"

Jeder im Haus kannte die tragische Geschichte von Frau Gabrieli.

In der letzten Nacht hatte sie es zwar noch bis zur Toilette hin und zurück, aber nicht mehr ganz in ihr Bett geschafft.

Sie war von der Bettkante abgerutscht, saß mit gespreizten Beinen davor und lallte:

„Wo bin ich denn? Wie bin ich denn hierhergekommen? Jetzt helft mir doch bitte mal!

Wer hilft mir den jetzt?"

Sie verstanden kaum, was sie sagte, ständig rollten ihre Augen weg und sie stank nach Alkohol wie ein Weinfass.

Einfach war es nicht, sie ins Bett zu kriegen, sie konnte die Beine nicht anziehen, um wenigstens erst einmal aufrecht zu stehen, die rutschten ständig unter ihr weg, und sie schien eine Tonne zu wiegen, sie renkten sich fast das Kreuz aus mit ihr.

Also, so was von sturzbesoffen und bleischwer!

Wo hatte sie das Zeug nur her?

Gerade in der letzten Zeit häuften sich ihre einsamen Trinkgelage.

Gegen Mittag war sie wieder einigermaßen ansprechbar.

Weil Freitag war, gab es eingelegten Hering mit Pellkartoffeln und sie meinte:

„Das ist jetzt aber genau das Richtige für mich!"

Sie hatte es auf einmal furchtbar eilig, in den Speisesaal zu kommen.

Das war für Holger und Marion eine willkommene Gelegenheit, mal in aller Ruhe ihr Zimmer zu inspizieren und nach Alkoholischem zu suchen.

Sie fanden nur einen Kasten mit Mineralwasser und ein Sechserpack Piccolos.

Die alle noch verschlossen.

Aber irgendwie … das ganze Zimmer roch nach Alkohol.

Rätselhaft.

Und so heftig ging das ungefähr noch 14 Tage.

Nur durch einen Zufall kam Licht in diese dunkle Affäre.

Im Zimmer neben Frau Gabrieli wohnt Herr Schiele, der war längerer Zeit im Krankenhaus und ist jetzt in der Reha, es geht ihm auch wieder viel besser.

Deshalb hat er um ein Buch gebeten, das er gerade angefangen hatte zu lesen.

Holger meint, das müsste in seiner Nachttischschublade sein, und er bittet die Nachtwachen, es für den nächsten Morgen zurechtzulegen, der Sohn komme und wolle es mitnehmen, um es Herrn Schiele zu geben, wenn er ihn in der Reha besuche.

Beate und Sofie haben in dieser Nacht zusammen Dienst.

Natürlich ist das Zimmer abgeschlossen, wie immer, wenn Bewohner abwesend sind.

Und tatsächlich findet sich das Buch in der Nachttischschublade.

Sofie schaute sich die Wein-, Schnaps- und Likörflaschen an, die auf der Kommode stehen, eine stattliche Anzahl, Geschenke zu Herrn Schieles 80. Geburtstag. Um das Etikett besser lesen zu können, hebt sie eine davon hoch.

„Beate. Jetzt sag doch mal. Guck mal. Das gibt's doch nicht. Guck dir das an!"

Sie hebt eine Flasche nach der anderen hoch und lacht schallend.

Die Drehverschlüsse sind fest zugeschraubt.

Die Kapseln sitzen ordentlich oben auf den Flaschen, was fehlt, ist der Korken.

Der größte Teil der Wein-, Schnaps-, Likörflaschen ist leer!

Das konnte doch nur Frau Gabrieli gewesen sein, und niemand wird jemals sagen können, wie sie dieses Kunststück fertiggebracht hat.

Es dachte sich auch keiner was dabei, wenn das Zimmer von Herrn Schiele mal aus Versehen nicht zugeschlossen war.

Wahrscheinlich lauerte Frau Gabrieli genau darauf und nutzte diese günstige Gelegenheit jedes Mal schamlos aus.

Ganz sicher freute sie sich diebisch über solch einen schönen Vorrat in ihrer Reichweite.

Aber Herr Schiele ist blöd dran.

Nur noch ein paar volle Flaschen sind übrig von der ganzen Pracht.

Leider steht es mit dem Herzen von Frau Gabrieli nicht zum Besten.

Und eines dieser Medikamente hat die unangenehme Nebenwirkung, dass sie ständig auf ihrer Zunge herumkaut.

Die hängt manchmal wie ein nasser rosa Lappen aus ihrem

Mund, was sie dann sagt, ist kaum zu verstehen, sie leckt sich um den Mund, die Zunge scheint sich selbstständig zu machen wie ein fetter blassrosa Molch.

Dann kann man ihr kaum ins Gesicht sehen.

Ihre Kinder haben sich schon darüber beschwert, aber da ist nichts zu machen.

Ach, überhaupt diese Kinder!

Deren Besuche bei ihrer Mutter werden immer seltener.

Sie denkt natürlich, dass dies so ist, weil ihr Mann fast das ganze Vermögen durchgebracht hat und sie nun den Erlös aus dem Hausverkauf „ablebt" und je älter sie wird, desto kleiner wird das Erbe sein …

Wenn ein Arzt sie auf ihr Verlangen hin vom Leben zum Tod befördern könnte, wahrscheinlich würde sie auch das tun.

Nicht nur sie wurde von ihrem Mann betrogen, sondern auch die gemeinsamen Kinder.

Und sie gehen ihr über alles.

Arme, arme Frau Gabrieli.

Schrecklich

Dieses Zimmer vorne direkt am Aufzug wurde sehr lange von einem russischen Ehepaar bewohnt, Sofia und Anatol Gussew. Beide waren in Moskau geboren, lebten aber seit ihrer Heirat in Deutschland und sprachen sehr gut Deutsch, aber miteinander nur Russisch, wenn sie denn überhaupt miteinander sprachen, denn Frau Gussew war in einem bejammernswerten Zustand.

Nach einem Herzstillstand war sie reanimiert worden.

Das bedeutet eigentlich „zurück ins Leben rufen", aber im wirklichen Sinne war sie nie mehr so richtig lebendig.

Am Anfang lief sie tagsüber noch herum.

Der Rücken ganz steif, die Füße schlurften so dicht über den Fußboden, als hätte sie unsichtbare Röllchen unter den Fußsohlen, der Blick starr nach vorne gerichtet, ein Roboter, den man vergessen hatte abzuschalten.

Später dann konnte sie ihr Bett überhaupt nicht mehr verlassen. Stocksteif und lang und dünn lag sie da, den Kopf so weit nach hinten überdehnt, wie es die Halswirbel zuließen, ganz wie andere Menschen ihren Kopf nach vorne beugen.

Da konnte man das Bettoberteil so hoch stellen, wie man wollte, ihr noch so viele Kissen in den Rücken stopfen, sie bohrte ihren Kopf hinein und keuchte, und wenn sie lachte, klang es eher wie ein Krächzen.

Bei der Reanimation musste irgendwas in ihrer Kehle und in ihrem Hirn kaputt gegangen sein, das, was sie jetzt noch hatte, war ein elendes Leben.

Ihr Mann überließ die Pflege seiner Frau komplett dem Personal.

Nur manchmal verwöhnte er sie mit Schokolade, fütterte sie mit Plätzchen, gab ihr mit dem Schnabelbecher zu trinken, immerhin etwas.

Doch dann wieder schrie und brüllte er sie an, knuffte und boxte die arme Frau und wurde auch schon erwischt, wie er wild mit einer seiner Krücken herumfuchtelnd drohend an ihrem Bett stand.

Rauchen war die große Leidenschaft der beiden, bei seiner Frau hatte sich das von selbst erledigt und wahrscheinlich war die Amputation seines linken Beines ab dem Oberschenkel eine Folge davon.

Als seine Frau starb, zeigte er kaum Gefühlsregungen.

Der frischgebackene Witwer zog mit seinem Rollstuhl und allem, was von ihrem gemeinsamen Leben übrig war, aus dem Doppelzimmer in ein Einzelzimmer im dritten Stock.

Herr Gussew ist ein wirklich gut aussehender Mann mit seinem silberweißen Haar, dem markant geschnittenen Gesicht, das zudem immer sonnengebräunt ist.

Er kurvt ja auch bei Wind und Wetter mit seinem Rollstuhl draußen herum, denn da kann er rauchen, so viel und so oft er will.

All das ändert aber nichts daran, dass er ein ganz mieser Knochen ist.

Die männlichen Nachtwachen bleiben natürlich wieder verschont, auch wenn nur einer von denen mit einer Frau wacht.

Aber was er den weiblichen zumutet, das ist einfach unglaublich.

Trotz seiner Behinderung fuhr er früher alleine zur Toilette.

Seit Längerem ist er jetzt inkontinent und wenn die Tena eingenässt ist, dann geht das Wechseln ohne Probleme vor sich.

Das Affentheater geht erst los, wenn er klingelt, weil er Stuhlgang hat.

Deswegen auf die Bettpfanne gehen?

Das kommt für Herrn Gussew überhaupt nicht infrage.

Er will raus, raus, raus!

Also wuchteten die Frauen ihn mit ungeheurer Mühe aus dem Bett in den Rollstuhl.

Und bei dieser Aktion geht schon mal meistens ein Teil des Stuhlgangs in die Tena.

Und schon wieder ein kategorisches Nein.

Er setzt sich nicht auf die Toilette, er weigert sich strikt, er will nicht.

Einbeinig steht er vor dem Waschbecken, stützt sich darauf mit beiden Händen ab und die Nachtwachen beginnen, den Stuhlgang wegzuwischen, danach gründlich abzuwaschen.

Und da geht es los.

Jetzt fängt er an und fummelt ständig mit einer Hand dazwischen, brüllt herum, sie sollen das gefälligst lassen, er wäre noch gar nicht fertig mit dem „Kacken".

Er fährt sich mit der Hand in den Hintern und holt mit den Fingern die letzten Brocken heraus, um die dann ins Waschbecken zu schmieren.

Er keucht.

Er stöhnt.

Das verschafft ihm außerordentliche Befriedigung.

Für die zwei Frauen, die notgedrungen wartend dabei stehen müssen, ist es einfach nur ein schauderhafter Anblick, und sie müssen ihn ja weiter sauber machen.

Was für eine Zumutung!

Zumal er vollkommen klar im Kopf ist.

Danach ist er ungeheuer gnädig, lässt sich fertig waschen und problemlos zu Bett bringen.

Da kann man nur froh sein, dass er nicht jede Nacht Stuhlgang hat.

Wenn aber, dann ist es immer der gleiche Ablauf.

In dieser Nacht wachen Anna und Pia.

Und Anna kennt das Schauspiel schon, sie hat Pia davon erzählt.

Die hat aber null Bock auf diese ganze scheußliche Prozedur und sagt zu Herrn Gussew, als er klingelt und aus dem Bett geholt werden will:

„Ach, Herr Gussew. Es wäre doch viel einfacher für Sie und uns, wenn wir Ihnen die Einlage wechseln könnten, Sie auf die Bettpfanne gingen und wir Sie dann auch im Bett sauber machen könnten."

Ein Schrei.

So schnell hat man gar nicht geguckt, da hat er eine seiner Krücken, die immer am Kopfende des Bettes lehnen, in der Hand und schlägt damit nach den Nachtwachen.

Mit sich überschlagender Stimme brüllte er irgendwas auf Russisch.

Die Nachtwachen fahren zurück, schauen sich entsetzt an und Anna sagt leise:

„Komm. Bevor das hier ganz eskaliert …"

Also muss auch Pia dieses ganze scheußliche Theater mitmachen.

Die ist aber noch am nächsten Morgen, als sie zu Hause eine Runde geschlafen hat, immer noch so wütend über Herrn Gussews Benehmen, dass sie kurzerhand den Heimleiter anruft.

Sie merkt, dass er ihr nicht glaubt.

Er kann das, was sie ihm da schildert, gar nicht fassen.

Jeder weiß doch, dass Herr Gussew seine fünf Sinne noch beieinander hat.

Und er kennt ihn auch nur sauber und frisch und munter in seinem Rollstuhl herumkurvend.

Pia ist es so was von wurscht, ob er ihr nun glaubt oder nicht.

Sie jedenfalls wird sich das nächste Mal weigern, Herrn Gussew aus dem Bett zu holen, wenn er herumbrüllt und mit seiner Krücke schlägt, egal mit wem sie Nachtdienst haben sollte.

Entweder er lässt sich im Bett versorgen oder er bleibt notgedrungen liegen und der Tagdienst kann ihn am nächsten Morgen rausholen und zur Toilette bringen.

Pia merkt, dass der Chef denkt, sie übertreibt.

Er hält ihren Bericht für ganz unmöglich, vielleicht ist sie ja auch nur zu empfindlich, aber er wird sich in der Wohngruppe im dritten Stock erkundigen, ob ähnliche Vorfälle bekannt sind.

Er wird sie dann zurückrufen, versprochen.

Der Chef fegt sofort nach Pias Anruf in den dritten Stock, trommelt das gesamte gerade anwesende Personal zusammen, beordert sie ins Dienstzimmer und befragt alle ausführlich zu Herrn Gussew.

Ja, es stimmt.

Sollte Herr Gussew Stuhlgang haben, benutzt er nur bei den Pflegern ganz normal die Toilette.

Bei den Frauen stellt er sich immer vor das Waschbecken und schmiert alles rein.

Sehr wahrscheinlich hat er das früher auch schon so gemacht, nur hat das niemand mitbekommen, weil er da alles selbst sauber gemacht hat.

Nur hätten sich damals alle schon gewundert, weil ewig so ein penetranter Gestank in seinem Badezimmer hing.

Und ja, es ist genau so, wie die Nachtwache sagt, wenn er seinen Willen nicht bekommt, dann schreit er herum und schlägt mit seiner Krücke.

Der Chef ist bleich geworden und steht wahrscheinlich kurz vor einer Ohnmacht. Dann wankt er zu Herrn Gussew.

Niemand hat je erfahren, was er dem erzählt hat.

Postwendend bestätigt er Pia telefonisch, dass die Nachtwachen in Zukunft das Recht hätten, Herrn Gussew nur noch im Bett zu versorgen.

Sollte er das ablehnen und wieder anfangen zu toben, dann könnten sie ihn bis zum nächsten Morgen im Bett liegen lassen.

Notgedrungen.

Aber das Benehmen von Herrn Gussew ändert sich natürlich nicht.

Manche Nachtwachen holen ihn lieber raus, weil sie keine Lust auf das ganze Trara haben, andere lassen ihn, bis der Frühdienst kommt, liegen.

Bis ihn seine Hinfälligkeit einfach dazu zwingt, sich im Bett versorgen zu lassen.
Er ist überhaupt nicht mehr fähig aufzustehen, geschweige denn, mit seinem Rollstuhl in der Landschaft herumzugondeln, und das Thema hat sich ganz von selbst erledigt.

Und dann kommt eine Nacht, in der Pia wieder mit Anna Dienst hat.
Und Pia ist froh, dass sie mit Anna wacht, denn Anna ist Krankenschwester und kennt sich bestens aus mit Schlaganfällen, Herzinfarkten, Hirnschlägen und so weiter.
Als Pia zuerst alleine zu Herrn Gussew ins Zimmer kommt, ruft sie sofort nach Anna.
Diese ist noch im Nachbarzimmer damit beschäftigt, einer Bewohnerin zu trinken zu geben.
Es ist der erste Rundgang in dieser Nacht und Herr Gussew ist überhaupt nicht wie sonst, kann kaum sprechen, sich kaum bewegen, sein Puls ist sehr unregelmäßig, der Blutdruck im Keller und seine Augen driften immerfort nach oben weg.
Ganz klar, sie brauchen einen Notarzt, schnell, Anna rennt telefonieren.
Pia bleibt alleine mit Herrn Gussew.
Früher hatte sie solche Angst, mit einem Menschen in einer kritischen Situation alleine zu sein, heute weiß sie, dass es eben diesem Menschen ungeheuer hilft, einfach da zu sein.

Sie setzt sich neben sein Bett.

Umfasst seine Hände ganz fest und schaut ihm ins Gesicht.

Dann ruft sie ihn bei seinem Vornamen:

„A-n-a-t-o-l-, A-n-a-t-o-l."

Mit den Anreden „Herr, Frau" und Nachnamen geht es nie so gut.

Seine Augenlider flattern, heben sich, er sieht Pia an.

„Da."

Ein nur gehauchtes „da", kaum zu verstehen, aber sie weiß, dass es „ja" heißt.

Seine Augen driften wieder weg.

Wenn sie doch nur richtig Russisch könnte!

Ohne Punkt und Komma redet sie auf ihn ein:

„A-n-a-t-o-l. Nastrowje. Doswidanja. Da. Njet."

Ach Gott.

Mehr Worte in seiner Sprache kennt sie eben nicht.

Dazwischen beruhigende deutsche Sätze.

Sein Kopf sinkt auf dem Kissen zur Seite und sie umfasst ihn mit beiden Händen, dreht ihn wieder in ihre Richtung, betet weiter die ganze Litanei herunter, nur die Nerven behalten, ruft wieder und wieder:

„A-n-a-t-o-l, A-n-a-t-o-l …"

Seine Augenlider flatterten, er sieht sie an, die Augen driften weg, sehen sie wieder an und so geht das die ganze Zeit, bis der Notarzt neben dem Bett von Herrn Gussew auftaucht.

Wie froh Pia da ist!

Herr Gussew ist ihr nicht unter den Händen weggestorben.

Sie ist bei ihm gewesen und hat mit all ihrer Kraft getan, was sie zu tun vermochte, um ihn im Leben zu behalten.

Sie weiß, dass das nicht immer gelingt.

Der Notarzt diagnostiziert einen Schlaganfall.

Herr Anatol Gussew wird ins Krankenhaus gebracht.

Halbseitig gelähmt, auch noch ausgerechnet auf der Seite, wo sein gesundes Bein ist, wird er in eine Reha entlassen und kommt nach ein paar Wochen wieder zurück ins Altersheim. Nach wie vor ist er vollkommen klar im Kopf und weiß, was er tut.

Manchmal entgleisen beim Sprechen seine Mundwinkel und trotzdem kann er seiner größten Leidenschaft frönen, dem Rauchen.

Jetzt ist er da aber ganz und gar auf das Pflegepersonal angewiesen.

Nur wenn sie gerade Zeit haben, können sie ihn in seinen Rollstuhl verfrachten und auf die Terrasse schieben.

Nach wie vor ist sein Sehvermögen nicht beeinträchtigt und er kann seiner zweiten großen Leidenschaft frönen, dem Fernsehen!

Und nach wie vor schreit er in einem wilden Russisch-Deutsch-Gemisch herum, wenn ihm was nicht passt.

Nur Pia nimmt er davon aus.

Und sie trägt ihm sein früheres schlechtes Benehmen auch nicht nach. Seit jener Nacht hofft sie für ihn, dass er noch ein wenig Freude in der ihm geschenkten Lebensspanne hat.

Herzchen

Dieses Zimmer!

Kissen, Deckchen, Schälchen, alles in Herzform.

Kleine Putten mit und ohne Flügel, minimal bekleidet und auch gänzlich nackt, die liegen, stehen oder sitzen, drall und niedlich, überall, wo noch ein Plätzchen frei ist, herum.

In den Grübchen ihrer Pausbäckchen das schelmische Lächeln auf ewig erstarrt.

Und dann Rosen.

Täuschend echt und duftlos aus Kunststoff im Winter, den ganzen Sommer bis in den Herbst hinein duftende Freiland-rosen.

Kleine Herzen aus Seife im Bad, Rosenduft bei den Kerzen.

Was für eine reine, putzige, glückliche Welt.

Und das mitten in einem Haus in dem trotz größter Hygiene und Sauberkeit so viel Dreck, Gestank und Unglück herrscht.

Aber immer war das nicht so.

Zuerst war der Kummer bei Frau Schimansky sehr groß, denn sie kam zuerst alleine in dieses Altersheim und jammerte un-entwegt nach ihrer liebsten Freundin Frau Trohn.

Kein Wunder.

15 Jahre lang hatten sie zusammen Tür an Tür in einer psychiatrischen Einrichtung in Westfalen gelebt.

Ihre Freundin hatte keine Verwandten mehr und war schon lange Witwe.

Frau Schimanskys Mann lebte allein in ihrer früheren gemeinsamen Wohnung.

Er besuchte sie nur selten und verstarb ganz plötzlich, und die einzige Verwandte, die sie noch hatte, war ihre jüngere Schwester.

Die musste noch ein paar Jahre arbeiten, wollte aber ihre große Schwester, nachdem sie jetzt Witwe war, unbedingt in ihrer Nähe haben.

So kam es, dass Frau Schimansky in dieses Haus kam, ob sie wollte oder nicht, danach fragte ihre Schwester nicht.

Aber jetzt war sie hier sehr einsam und ebenso einsam war Frau Trohn in Westfalen.

Vom ersten Augenblick an setzte alle Welt sämtliche Hebel in Bewegung, um die beiden liebenswerten alten Damen wieder zusammenzubringen.

Nur, von heute auf morgen ging das natürlich nicht.

Das dauerte schon seine Zeit.

Und so verschlug es Frau Schimansky zuerst in ein Einzelzimmer im zweiten Stock.

Noch heute kriegen Karena und Lars einen Lachkrampf, wenn sie an jene schwüle Gewitternacht im letzten Sommer denken.

Weil sie sich so schrecklich alleine fühlte, bestand Frau Schimansky darauf, dass die Nachtwachen jede Nacht bei ihr hereinschauten.

Wenn es die Zeit zuließ, machten sie einen kleinen Schwatz, aber meistens schlief sie.

In dieser Nacht aber hörten sie Frau Schimansky schon, bevor sie die Tür aufmachten:

„Ei. Eieiei. Eilig. Ei. Ei. Ei."

Sie stottert immer ein wenig, wenn sie sehr aufgeregt ist.

Lars betrat als erster das Zimmer, hinter ihm Karena.

„Ei-ei-eilig! Eilig. Eilig. Eilig …"

Sie flitzte an ihm vorbei zum Klo, so schnell sie konnte, ein molliger, rosiger Barockengel ohne Flügel.

Wegen der Hitze steckte sie nur in einer viel zu weiten Damenbaumwolldoppelrippunterhose von undefinierbarer Farbe, zwischen beige und rosa, die hing bis zu den Knien.

Sonst nix.

Oben barbusig.

Ihr enormer Busen hing bis zum Bauch, flog rechts und links wie ein monströser Schal.

Und weil sie es derartig eilig hatte, mit den Armen ruderte, bekam man den Eindruck, sie packe gleich zu und werfe ihn sich über die Schultern.

Was für ein kurioser Anblick.

Lars schmiss sofort die Tür zu.

Er und Karena standen in dem stickigen Flur, gekrümmt wie Würmer, und brüllten vor Lachen, sie konnten nicht anders.

Was für ein unvergesslicher Anblick.

Sie lachten sie nicht aus, natürlich nicht, nur … das war zu drollig und unschuldig und kindlich.

Ein wahrer Segen, dass vor einem halben Jahr dieses Doppelzimmer im Erdgeschoß frei wurde.

Denn hier wohnt das reinste Glück, seit die beiden Damen wieder vereint sind.

„Herzchen, hast du gut geschlafen?"

Fragt Frau Trohn Frau Schimansky.

„Himmlisch. Und du, mein Herz?"

Fragt Frau Schimansky Frau Trohn.

Auch wenn sie jetzt zusammen sind, schauen die Nachtwachen immer noch dreimal bei ihnen rein.

In stressigen Nächten denkt Karena oft, dass dies der einzige Lichtblick im ganzen Haus ist.

In deren Zimmer ist die Heizung heruntergeschaltet, und wenn irgend das Wetter es zulässt, sind beide Fensterflügel weit auf.

Beide Damen liegen tief unter ihren üppigen Daunenbettdecken vergraben und über ihrem friedlichen Schlummer schwebt Rosenduft.

In Frau Schimanskys Bett halten Teddybären von Mini bis XL Wache, der größte sitzt immer am linken Fußende an die Wand gelehnt.

Frau Trohn hält im Schlaf ihre Puppe eng umschlungen.

In einer Schublade ihrer Kommode bewahrt sie Puppenkleider für alle vier Jahreszeiten auf.

Und das ist nicht einfach so ein Püppchen; ihre Puppe hat die Größe eines Babys.

Morgenrundgang.

Heute schaut Karena bei den beiden rein, Frau Trohn breitet gerade sorgfältig die Bettdecke über ihre Puppe und sagt:

„So. Ist ja gut. Bleib noch ein bisschen liegen. Die Mama geht nur mal Lulu machen. Neiiin.

Keine Angst. Nur Lulu. Deine Mama ist doch gleich wieder da. Ach. Mein Liebeschen."

Noch ein Kuss auf die Puppenstirn und dann zieht die uralte Mama dahin.

Und wie schon oft beschleicht Karena ein seltsames Gefühl bei diesen alten Menschen.

Macht die Kindheit, das Kind-Sein im Grunde das ganze menschliche Leben aus?

Bei manchen scheint ihr gesamtes Erwachsenenleben ausgelöscht.

Der Mann oder die Frau, mit der sie verheiratet waren, die Kinder, die sie großgezogen haben, der Beruf, den sie ausgeübt haben … alles aus dieser mittleren Lebensphase scheint überhaupt nicht existiert zu haben und ist von ihrer Lebenstafel einfach weggewischt.

Selten ist in ihrer Vorstellung der Vater noch da, meistens die Mutter.

Manche rufen im Alter nach ihren Müttern, suchen sie gar.

Kuscheln hingebungsvoll mit ihren Stofftieren, Teddys, kleinen Hasen, Lämmchen, Püppchen oder mit einer lebensgroßen Babypuppe.

Dann fragt sich Karena doch manches Mal, wozu sie so viel gelernt hat, warum sie sich derart verrückt macht mit ihrer Arbeit, dem Geldverdienen, den Sorgen um die Zukunft, ob sie dies noch erreichen wird oder jenes?

Wenn vielleicht dann, am Ende ihres eigenen Lebens, auch nichts anderes als sein Anfang stehen wird:

Das Kind, das sie einmal war!

Derweil eilt Frau Schimansky geschäftig hin und her, sie hat ihr Bett schon gemacht, breitet die Tagesdecke darüber und ordnet darauf ihre Teddy-Sammlung an.

Karena verscheucht ihre trüben Gedanken, muss schnellstens weiter.

Der Morgenrundgang ist beendet, Lars, der auch heute Nacht wieder mit ihr Dienst hat, trägt noch etwas in die Pflegedokumentation ein, Karena geht Kaffee für den Frühdienst aufsetzen.

Als sie aus der Küche kommt, eilt Frau Trohn ihr entgegen.

Heute in ihrem blasslila wattierten Morgenrock mit großen dunkelvioletten Rosenbuketts, sie besitzt noch einen in rosa, ebenfalls wattiert, mit roten Streuröschen.

Natürlich hat auch ihre Puppe beide im Kleinformat.

Gewaschen, frisiert, mit ihrer Perlenkette um den Hals und winzigen Perlohrringen, Pantöffelchen mit weißem Pelzbesatz an den Füßen, schwebt sie, trotz ihrer Fülle, regelrecht den Flur entlang und verbreitet einen Duft von Morgenfrische in diesem mit angenehmen Gerüchen nicht gerade gesegneten Haus.

Sie zeigt auf die noch verschlossene Tür des Speisesaals:

„Ja, ist der Laden denn noch nicht auf? Aber es riecht doch schon nach Kaffee!"

„Der ist erst mal für den Frühdienst. Erst in einer Stunde gibt's Frühstück und dann ist die Tür auch für Sie und Ihre Freundin auf. Nur noch ein kleines bisschen Geduld."

Frau Trohn kommt näher und flüstert Karena verschwörerisch zu:

„Oh je. Und gerade Geduld hat mein Herzchen doch so wenig!"

Dann trollt sie sich wieder und Karena muss lachen.

Wahrscheinlich werden sich die beiden molligen und so liebenswerten Damen mit den Jahren immer ähnlicher werden.

Genau wie ein altes Ehepaar.

Lied

Soweit das überhaupt ein Mensch beurteilen kann, hat Frau Madeleine Mutzka keine Schmerzen.

Sie klagt jedenfalls nie über welche.

Sie ist vollkommen unauffällig.

Noch niemals hat sie in der Nacht ihre Klingel benutzt.

Was sie alleine machen kann, macht sie auch alleine, sie braucht fast keine Hilfe.

In ihrem Zimmer lebt sie wie eine Schnecke in ihrem Häuschen.

Nimmt an keinerlei Aktivitäten teil.

Nimmt auch all ihre Mahlzeiten dort ein.

Ist am Tag praktisch unsichtbar.

Von den Nachtwachen wird sie zur Toilette geführt, wenn es nötig ist, ansonsten dreimal gelagert.

Das alles lässt sie klaglos über sich ergehen.

Sehr freundlich mit leiser Stimme, als würde sie sonst jemanden aufwecken, spricht sie mit den Nachtwachen.

Ansonsten treffen sie sie immer schlafend an, was selten ist im Altersheim, denn die meisten Bewohner klagen über Schlaflosigkeit.

Aber das ganz Fantastische an ihr ist:

Sie singt!

Zwischen zwei und vier Uhr beginnt ihr Singsang.

Immer in der gleichen Tonlage.

Schwillt an, schwillt ab.

Niemand weiß, wann er enden wird:

„Neineineneneineneine Neineeine Neineneine Neineneineeine Neine Neine Neineleine Neineleine Neineleine

207

Neineleineleineleine Neineleine Neinelein Neine Neine Neineleineeineeine"

(ein Ton höher jetzt)

„Neineleine Neineleiiine Neiiineleiiine Neineleine Neineleine Neineleine Neineleiiine Neiiineleiiine Neineleine Neineleine Neineleine Neineleine Neineleilin Neineleilin Neineleilineineeilin Neineleinelinleineeine"

(lauter, viel, viel lauter)

„Neineleilin Meineleilin Meineleine Meineleine Meineleilin Meineleiiilin"

(klagend)

„Meineleilinmeinleilinmeineleilinmeinleilinmeinleili-meineleilinmeineleilinmeinelei"

(Pause, dann leiser)

„Was hab ich denn von denen was hab ich denn noch was hab ich denn von denenen was hab ich denn von denenenen was hab ich denn noch von denen waaas hab iiich denn was hab ich denn nooooch vondenen was hab iiich denn"

(lauter)

„Was hab ich denn noch von denen was hab ich denn noch von denen was hab ich den noch von denen washabichdenn-nochvondenen washabichdennnochvondenen was hab ich denn ich denn von denen noch was hab ichichichich hab ich denn vooon denen was hab ich denn noch Neineneine-neineneine Neineeine Neine Neineeineneineeine Neine Eine Neine Eine"

(ununterbrochen, fast ohne Luft zu holen, geht das zehn Minuten lang)

Die Nachtwachen öffnen ihre Zimmertür.

Licht fällt in den stockdunklen Raum.

Wegen der Straßenbeleuchtung vor dem Haus sind die Rollläden runtergelassen.

Als wäre nichts gewesen, bricht der Singsang ab.

Obwohl die Töne noch greifbar in der Luft zu schweben scheinen.

Sie ist nicht verschlafen, wenn sie zur Toilette geführt wird.

Beim Lagern plaudert sie leise mit den Nachtwachen.

Kaum ist die Tür zu ihrem Zimmer wieder zu:

Der Singsang setzt erneut ein.

Schwillt an, schwillt ab.

Immer in der gleichen Stimmlage.

Ohne Punkt und Komma.

Niemand weiß genau, wann er gegen Morgen enden wird.

Niemand kann ihn überhören.

Niemand weiß, WARUM.

Durch jede Nacht klingt ihr einsames Lied.

Es zerreißt einem fast das Herz.

Aber:

Sie weiß davon nichts.

Frau Madeleine Mutzka schläft.

Lebensfreude

Frau Keil ist 97 Jahre alt und einfach unglaublich, denn es scheint nichts auf der Welt zu geben, was ihr k e i n e Freude bereitet.

Kaum sieht sie jemanden an ihrem Bett stehen, schon kräht sie: „Oh, wie schön!"

Schon früher war ihre Sprache krächzend.

Dann nahm die an Lautstärke zu und sie schrie, dass es klang wie ein Krächzen.

Und ja wirklich, daraus hat sich jetzt dieses Krähen entwickelt.

Sie ist putzmunter und ganz egal, was an ihr gemacht wird, sie ist Tag und Nacht voller Begeisterung dabei.

Die letzten zehn Jahre liegt sie fast nur noch im Bett.

Nur an manchen sehr seltenen Tagen wird sie mit viel Kraftaufwand in ihren geliebten Ohrensessel gesetzt.

Dreimal wurde sie früher in der Nacht gelagert.

Auch das war irgendwann nicht mehr ausreichend, und nun hat sie schon sehr lange eine Antidekubitus-Matratze, die den auf ihr liegenden Menschen mechanisch in gewissen Zeitabständen sanft verlagert.

Aber das wird wohl ein Riesenproblem werden, wenn ihr Körper sich noch mehr verbiegt.

Frau Keil ist eine ungeheuer krumme, unvorstellbar dürre Person.

An den Gelenken der Arme und Beine stechen die Knochen fast durch die Haut.

Ihre Sehnen am Hals sind fast genau so stark und dick wie ihre Knochen.

Po und Becken und Schultergürtel sind fast nichts als nur noch Knochen, kaum ein Gramm Fleisch daran, deshalb spannt die Haut darüber.

Eine von keinem Sonnenstrahl mehr beschienene pergamentartige Haut.

Sie kratzt sich ständig.

Obwohl darauf geachtet wird, dass ihre Fingernägel so kurz wie möglich gehalten werden, kratzt sie sich gerade immer da, wo sie schon anfängt sich aufzuliegen und die Haut extrem dünn ist, so wird sie an den unmöglichsten Stellen immer mehr wund.

So schnell kann man gar nicht gucken, unentwegt fährt sie mit ihrer Knochenhand an diese empfindlichen Stellen.

Dabei isst und trinkt sie alles, was ihr angeboten wird, mit nie versiegender Begeisterung.

Sonden-Nahrung würde ihr dieses Vergnügen auch noch nehmen.

Überhaupt scheint die Nahrungsaufnahme ihre allergrößte Freude zu sein.

Geben die Nachtwachen ihr zu trinken, kräht sie mit dieser schrillen durch Mark und Bein gehenden Falsettstimme:

„Oh, wiiie guuut!"

Frisch, lebendig und ungeheuer jung blitzen einen ihre flinken, schwarzen Äuglein aus dem verhutzelten Walnussgesicht an.

Wenn sie schläft, ist ihr Mund ein dunkles, zahnloses O.

Das verzieht sich grotesk, wenn sie sich mitteilen will.

Vor langer, langer Zeit schrie sie sich mit ihrem Saatkrähenkrächzen durch Tag und Nacht.

Damals konnte kein Medikament der Welt dem ein Ende bereiten.

Sie will schreien?

Nun dann schreit sie eben.

Ist nicht zu ändern.

Früher bekam sie auch noch unter größten Mühen Einlage und Netzhose an.

Längst hat sie jetzt einen Katheter und nur noch bei Stuhlgang muss die locker umgelegte Einlage gewechselt werden.

Aber auch ihr Kot ist wie bei vielen anderen Bewohnern so flüssig wie dünner Brei und verschmiert den Katheter-Schlauch und ihre Beine.

Die zieht sie beim Saubermachen ständig an den Leib.

Mal klebt die linke Ferse am Po, dann die rechte.

Aber derart fest, dass man kaum mit den Reinigungstüchern dazwischen kommt, und blitzschnell fuhrwerkt ihre unglaublich bewegliche Hand auch noch in dem Geschmier herum, ganz zauberhaft!

Das kleine Kästchen am Fußende ihres Bettes zeigt mit seinem grünen Lichtchen das ordnungsgemäße Funktionieren der Dekubitus-Matratze an.

Wie das ewige Licht in der Kirche.

Sanft hebt und senkt sich die Matratze unter ihrem Körper.

Jahraus, jahrein, ganz sanft.

Was darauf liegt, ist kaum mehr als Frau zu erkennen.

Eher ein uralter Embryo.

So wie sie manchmal auch beide Fersen an den Po klemmt.

Meistens ist es ja nur eine.

Es ist auch nicht wirklich die Ferse, auf unbegreifliche Weise ist der Fuß so umgeklappt, dass man fast nur noch die Sohle sieht.

Dafür hat sie das andere Bein bis zu den Zehenspitzen in einer vollkommen geraden Linie ausgestreckt.

Die einzige Ballerina der Welt, die liegend eine Pirouette dreht!

Es kommt auch vor, dass sie zusätzlich noch die Knie übereinander verschränkt und auch unten nochmal die Füße.

Ganz unvorstellbar für jemanden, der das nicht mit eigenen Augen gesehen hat, ein völlig unentwirrbares Knäuel.

Deshalb geht auch in letzter Zeit in der Pflege fast gar nichts mehr.

Keine Einlage passt mehr zwischen Oberschenkel und Knie, nur noch ein ganz flach zusammen gefaltetes Handtuch oder Stecklaken, um den wasserdünnen Stuhl aufzufangen.

Und ihre Füße wachsen fast am Po an.

Der Katheter-Schlauch schlängelt sich aus dieser uralten Scheide.

Für alle Pflegenden ist es inzwischen eine Qual geworden, sie wenigsten einigermaßen sauber zu kriegen.

Oder den Verband am Steiß zu erneuern, da hat der Knochen inzwischen die Haut fast ganz durchbohrt.

Und wie geht es Frau Keil dabei?

Fröhlich und schrill kräht sie ihre zwei Sätze:

„Oooh, wie guuut! Oooh, wie schööön!"

Sie trinkt.

Sie isst.

Mit nie versiegender Begeisterung.

So lebendig blitzen ihre flinken schwarzen Äuglein.

Von ihren Armen ist der linke eigentlich nur noch ein halber Arm.

Das ist genau wie bei den Beinen, der reicht nur noch von der Schulter bis zum Ellbogen,

Ab da ist der Unterarm so fest angewinkelt, dass beide praktisch eins sind.

Durch diese Haltung kommt die ebenfalls zur Faust verkrümmte Hand an dem Arm auf der Schulter zu liegen, ihre knochigen Finger umklammern fest den Daumen.

Eigentlich ist nur noch der rechte Arm voll beweglich.

Blitzschnell kann sie den ausstrecken oder abknicken, die nimmermüde kratzende Hand daran ist allgegenwärtig.

Zack.

Sie rubbelt sich damit übers Gesicht.

Rubbelt sich über die Haare, die nur noch ein feines Wölkchen sind.

Diese Hand fährt dann flink am Körper runter und kratzt und kratzt an Rücken und Po.

Gerade wurde sie sauber gemacht und auch der Verband am Steiß erneuert.

Aber, so schnell kann man gar nicht gucken, da ist der schon wieder ab.

Mit dieser ebenfalls wahnsinnig verkrümmten, aber unglaublich beweglichen Hand kommt sie ausgerechnet da hin, wo es besser nicht sein sollte.

Nichts hilft.

In ihrer Verzweiflung haben die Schwestern ihr schon einen Waschhandschuh über diese irrwitzig lebendige Hand gestülpt und den noch zusätzlich mit einer Mullbinde befestigt.

Auch das kann man vergessen.

Auch den kriegt sie ab.

Die Pflegenden cremen und cremen.

Und Frau Keil?

Kratzt und kratzt.

Heute hat sie ihren Nachmittagskaffee sowie das kleine Kuchenstück mit der ihr eigenen Begeisterung zu sich genommen.

Jetzt liegt Frau Keil in ihrem Einzelzimmer und ist tot.

Und trotz ihres hohen Alters sind alle geschockt.

So plötzlich.

Ohne Vorwarnung und völlig unspektakulär ist sie ganz einfach eingeschlafen.

Totenbleich ihre Haut.

Bewegungslos ihre armen verbogenen Glieder.

Ihre krächzende Falsettstimme verstummt.

Starr ihre lebendigen Augen.

Jeder, der sie jetzt so sieht, wartet darauf, dass ihre Hand hochschnellt und Rubb! Rubb! Rubb! in rasantem Tempo über die spärlichen Härchen fährt.

Gleich wird ihr Mund sich öffnen und grotesk verzerrt rufen: „Oooh, wiiie guuut! Oooh, wiiie schööön!"

Allen in diesem Haus wird in Zukunft ihr begeistertes Krähen fehlen.

Und ihre vor Lebenslust blitzenden Augen.

... die im Dunkeln sieht man nicht.
(B. Brecht)

ANNA:

„Ganz früher haben fromme Schwestern diese Arbeit für Gotteslohn gemacht, aber wir müssen davon leben, etwas mehr Lohn könnte schon drin sein. Ich arbeite gerne in der Nacht hier im Haus, aber dieser Beruf wird immer so schlecht gemacht und hat überhaupt kein gutes Ansehen bei den Leuten und das tut mir einfach weh. Wir Pflegerinnen und Pfleger machen Nacht für Nacht eine eigentlich unbezahlbare, schwierige Arbeit und die sollte wirklich endlich einmal besser anerkannt werden. Das ist ja nicht nur die körperliche Seite, denn wenn zum Beispiel Demente nach uns schlagen und treten, kommt auch der psychische Aspekt dazu. So etwas muss man ertragen und aushalten können und dabei nicht aggressiv werden, sondern gleichbleibend freundlich sein. Die Menschen können ja nichts dafür."

SOFIE:

„Dieser bürokratische Aufwand, dieser Papierkram ist einfach viel zu viel, inzwischen muss aber auch wirklich jeder Pups dokumentiert werden. Ist ja egal, ob nun in der Pflegedokumentation oder im Computer. So nach dem Motto WAS NICHT DOKUMENTIERT IST, WURDE NICHT GEMACHT. Diese Zeit könnte man besser nutzen, um den Bewohnern das zu geben, was sie am meisten brauchen, nämlich unsere Zuwendung. Mit ihnen sprechen, zuhören, einfach mal in den Arm nehmen, statt dokumentieren, dokumentieren, dokumentieren …"

HOLGER:

„Das ist ja nun kein böser Wille von uns, wenn wir im Tagdienst einfach keine Zeit haben, jeden Bewohner, der es nötig hätte, auch zu füttern. Füttern. Das darf man nicht mal sagen, dieses Wort, es heißt ESSEN REICHEN. Junge, Junge, darum wird sich gekümmert. Also muss jeder, der es noch einigermaßen hinkriegt, alleine essen. Wie soll denn das gehen? Wie man es auch dreht, wir sind einfach zu wenige in der Pflege. Kann sich überhaupt jemand vorstellen, wie lange so ein Mittagessen dann dauert? Wir müssen die Suppe kalt pusten, sie mit dem Löffel in den Mund balancieren, Fleisch oder anderes kleinschneiden, wieder das langsame Prozedere des In-den-Mund-Schaffens, nur der Nachtisch geht meistens schneller, weich, süß, nichts zu kauen. Eine halbe Stunde vergeht da wie nichts oder sogar noch mehr Zeit, und da sitzt ja nicht nur ein einziger Bewohner, der diese Hilfestellung nötig hat."

OSKAR:

„Es gibt Bewohner, die glauben, sich alles, aber auch wirklich alles uns gegenüber erlauben zu können. Unsere ohnehin knapp bemessene Zeit beanspruchen sie für ihre ganz persönlichen Belange, als gäbe es nur sie und nicht 80 weitere Bewohner in diesem Haus. Und wenn wir uns dann mal weigern, ihre manchmal absurden Sonderwünsche zu erfüllen, sagen sie uns Unfreundlichkeit nach und schmeißen uns dann noch an den Kopf: DAFÜR WERDEN SIE BEZAHLT UND WEIL DAS SO IST HABEN SIE JEDES MAL ZU KOMMEN WENN ICH NACH IHNEN KLINGELE UND WENN ES HUNDERTMAL IST IN DER NACHT! Da darf man gar nicht darüber nachdenken, was so eine Dauernachtwache für einen Hungerlohn bekommt für das, was sie seelisch und körperlich leisten muss, gar nicht zu reden von der Verantwortung, die sie jede Nacht übernimmt. Kein Wunder, dass immer weniger Menschen dazu bereit sind."

KARENA:

„Dann sind da noch die Angehörigen der Bewohner. Es ist schier unmöglich, ihnen begreiflich zu machen, dass kein Mensch alle zehn Minuten nach ihrem Vater oder ihrer Mutter sehen kann. Da müssten sie dann schon einen persönlichen Betreuer für sie nehmen. Aber der könnte das auch nicht rund um die Uhr. Und gerade in den zehn Minuten, in denen sie dann alleine wären, können sie dann ihre Kanülen selbst herausziehen, hinfallen oder weglaufen. Einer armen Frau mussten wir die Hände festbinden, ständig hat sie sich die Magensonde rausgezogen Das war ihre einzige Möglichkeit, sich dagegen zu wehren, gegen ihren Willen am Leben erhalten zu werden. Sie selbst hatte längst mit dem Leben abgeschlossen, aber ihre Tochter verlangte, dass wir die Hände festbanden, Sie konnte einfach nicht zulassen, dass ihre Mutter stirbt. Wie diese Frau uns ansah, wenn wir sie versorgt hatten und wieder ihre Hände festbinden mussten! Und dann immer dieses KEIN NOTARZT, KEIN KRANKENHAUS. Das ist ja nicht unsere Entscheidung. Das ist die der Angehörigen, dafür müssen sie schon mal in Kauf nehmen, mitten in der Nacht angerufen zu werden."

RAJANI:

„Der größte Stress, den wir haben, ist der, dass wir einfach viel zu wenige sind. Zwei Nachtwachen für über achtzig Leute, das ist unmenschlich, die meisten sind ja Pflegefälle. Schon in einer ganz normalen Nacht haben wir keine Zeit, um mal ein paar Takte mit ihnen zu reden. Ihre untere Körperhälfte kennen wir am besten, kaum Zeit, ihnen mal ins Gesicht zu schauen. Toilettengang, Windelwechsel, lagern und schon wieder weiter. Nicht zu reden von den Nächten, in denen nicht einmal die kleinste Pause drin ist, weil ein Bewohner im Sterben liegt und man sich die Zeit abknapst, um wenigstens ein paar Minuten seine Hand zu halten. Weil die Angehörigen sich wieder mal gedrückt haben mit ACH, RUFEN SIE MICH AN, WENN ALLES VORBEI IST. Das größte Gejammer geht immer los wegen der Personalkosten. Vielleicht sollte man weniger Geld in top ausgestattete Badezimmer, Teeküchen, Empfangshallen und so weiter stecken! Außen immer hui und innen geht die ganze Menschlichkeit den Bach runter."

„Arbeiten, wenn andere schlafen"

Interview mit Marcus Jogerst-Ratzka

Marcus Jogerst-Ratzka, Jahrgang 1975, kommt aus Offenburg. Er ist seit 1995 ausgebildeter Krankenpfleger und seit 2006 Geschäftsführer mehrerer Pflegeeinrichtungen in Renchen, Baden-Württemberg. Seit 2016 ist er Gründungsmitglied des Vereins Pflege in Bewegung e.V., seit 2021 dessen Vorsitzender. Der Verein setzt sich für eine bessere Pflegesituation sowohl für Menschen mit Pflegebedarf als auch für sorgende Angehörige und professionell Pflegende ein.

Berthe Arlo spricht von einem Nachtdienst-Schlüssel von zwei Betreuenden auf 80 zu Pflegende. Wie ist der Betreuungsschlüssel heutzutage, hat sich da etwas verändert? Und was wäre notwendig aus Ihrer Sicht?

Hier hat sich wenig verändert. Es gibt für den Nachtdienst Mindestvorgaben aus den jeweiligen Landesverordnungen. In Baden-Württemberg liegt der Schlüssel zum Beispiel bei 45 Bewohner*innen. Also erst ab 46 Bewohner*innen ist demnach eine zweite Mitarbeiter*in im Nachtdienst vorgeschrieben. Rein theoretisch könnten also auch heute noch bis zu 90 Bewohner*innen von zwei Mitarbeiter*innen in der Nacht betreut werden.

Dass dies nicht ausreichend ist, bedarf eigentlich keiner näheren Erläuterung. Es darf eigentlich nie etwas schiefgehen.

Schwierig ist, dass es nur einen Gesamtpersonalschlüssel gibt. Den Verantwortlichen bleibt also nur die Möglichkeit, im Tagdienst zu kürzen, um den Nachtdienst personell besser aufzustellen.

Wir brauchen dringen bessere Personalschlüssel und bessere Gehälter, um diese Stellen dann auch besetzen zu können. An offenen Stellen mangelt es uns nicht.

In einigen Texten werden Bettgitter erwähnt. Sind diese heute noch in Verwendung?

Man nennt die Bettgitter heute „Seitenteile". An modernen Betten sind diese nicht mehr durchgehend, sondern geteilt. Das bedeutet, man kann auch nur am Kopf- oder Fußteil des Bettes ein wenig Sicherheit gegen das Herausfallen schaffen. Im Wesentlichen wird dieses „Seitenteil" aber nur noch auf eigenen Wunsch hochgezogen.

Man würde heute bei der Gefahr des Herausfallens aus dem Bett eher auf gepolsterte Unterlagen vor dem Bett zurückgreifen oder ein Niederflurbett einsetzen, das man ganz herunterfahren kann. Früher wurden „Bettgitter" auch zum Schutz vor Stürzen eingesetzt. Das hat sich glücklicherweise inzwischen geändert.

Wenn ein Mensch sehr unruhig ist, kann durch ein „Bettgitter" sogar eine höhere Gefahr entstehen. Die Sturzhöhe erhöht sich nämlich um rund 30 Zentimeter. Soll ein Seitenteil nicht aufgrund des Wunsches eines Betroffenen hochgestellt werden, stellt das in der Regel eine freiheitsentziehende Maßnahme dar und bedarf damit auf jeden Fall einer richterlichen Genehmigung.

Was wurde in den vergangenen zwanzig Jahren in der Pflege und im Nachtdienst zum Positiven verändert?

Ich selbst war im Nachtdienst mit einer Kollegin zusammen für 120 Menschen zuständig. Damals musste die Nachtruhe „funktionieren". Eigentlich war bei diesen personellen Ausstattungen klar, dass nach 21 Uhr Ruhe zu herrschen hat. Wie sollte man sonst die Sicherheit für diese Menschen gewährleisten. „Wer schläft, sündigt nicht", war das Motto.

Das bedeutete auch, dass man sehr großzügig mit der Gabe von Sedativa war. Man hat diese aus heutiger Sicht zu leichtfertig eingesetzt und sich kaum um die negativen Auswirkungen gekümmert. Der Einsatz von Schlafmitteln trägt immer auch das Risiko von Stürzen mit sich und auch eine Verschlechterung des Allgemeinzustandes oder der kognitiven Fähigkeiten.

Heute nimmt man hier eher die Perspektive des Menschen mit Pflegebedarf ein. Wird die Schlaflosigkeit zur Belastung für diesen Menschen? Leidet er selbst oder andere unter der nächtlichen Unruhe, kann diese auch durch andere Maßnahmen gemildert werden.

Welche Maßnahmen können das sein?

Da gibt es viele Möglichkeiten. Zuerst ist sicher die Akzeptanz zu nennen. Es ist nicht störend, wenn jemand wach ist und dabei selbst nicht in eine Überlastung oder Gefährdung gerät. Bei Angst- oder Unruhezuständen kann es auch sinnvoll sein, Nähe zuzulassen. Zumindest begrenzt nehmen die Nachtdienste auch mal jemanden mit auf die Rundgänge, um Sicherheit zu vermitteln.

Oder wir legen jemanden in unserer Nähe in rollbare Ruhe-
sessel, die wir dann mitnehmen. Wir haben hier auch schon
Menschen am Abend ein Vollbad angeboten, um die nötige
Bettschwere zu schaffen. Es kann ein beruhigender Tee angeboten werden.

Bei Menschen mit Demenz im fortgeschrittenen Stadium re-
sultiert die Unruhe oft aus einer mangelnden Wahrnehmung
von Körpergrenzen, hier kann man mit Kissen oder ähnlichen
Lagerungshilfsmitteln dafür sorgen, dass der Körper durch
diese die Grenzen wieder wahrnimmt. Das beruhigt sehr gut.
Es gibt auch die üblichen Dinge, die helfen, die wir zu Hause
auch nutzen. Auf Ruhe achten, nachts bei Schlafproblemen
auch mal Pflegemaßnahmen zugunsten der Nachtruhe unterlassen, das muss man gut abwägen. Als Beispiel sind Toilet-
tengänge oder der Einsatz von Inkontinenzmaterial zu nennen.
Wenn das alles nicht hilft, ist auch der (idealerweise) vorüber-
gehende Einsatz von Sedativa angezeigt. Wichtig ist hier dann
die Beobachtung der Nebenwirkungen (Gangunsicherheit und
so weiter).

**In Berthe Arlos Texten erleben wir ältere Menschen, die
dem Tabak und dem Alkohol sehr zugetan sind. Wie geht
man heute in Pflegeheimen damit um?**
Das gibt es heute sicher auch noch. Allerdings ist das für mich
eine Haltungsfrage. Die Menschen leben ja nicht bei uns, damit sie therapiert werden.
Als Pflegefachperson weiß ich um die Möglichkeiten einer
gesunden Lebensführung und trotzdem halte ich mich nicht
immer daran. Gerade was das Rauchen und Trinken betrifft,

hat sich doch bei fast jedem herumgesprochen, dass es nicht der Gesundheit förderlich ist.

Ich kann also Hilfe anbieten, wenn der Wunsch besteht, aus einer Sucht herauszufinden. Wenn dieser Wunsch nicht besteht, ist es sinnlos und wäre meines Erachtens eine Form von Zwang. Die Menschen leben ja bei uns oft mit Einschränkungen und am Ende ihres Lebens. Da darf man auch dem Genuss den Vorrang geben.

Trotzdem muss man natürlich Rücksicht auf andere nehmen. Um zu rauchen, muss man bei uns vor die Tür gehen. Manche Menschen sind nicht bereit dazu, da müssen wir die Zigaretten dann ausgeben.

Andererseits begleiten wir auch, wenn jemand nicht mehr dazu in der Lage ist, alleine nach draußen zu gehen, und ermöglichen es, auch der Sucht nachzugehen. Ich halte im Übrigen den Wunsch nach Rausch für ein zutiefst menschliches Bedürfnis.

Sexualität im Pflegeheim: Hat man hier neue Ansätze?
Auch Sexualität ist ein menschliches Grundbedürfnis. Sie findet ein Leben lang statt. Das denken junge Menschen häufig nicht. Glücklicherweise wird das inzwischen auch anerkannt und gelebt. Auch hier kommt einer Pflegefachperson eine Rolle zu, die wichtig ist.

Wir schaffen zum Beispiel geschützte Räume, unterstützen beim Ausleben von Beziehung und Sexualität. Auch am Lebensende kann man sich verlieben, aus bestehenden Beziehungen ausbrechen. Ich habe mehr als einmal erlebt, wie Ehepartner sich zwar nicht scheiden ließen, aber Menschen mit Pflegebedarf in ihrer neuen Umgebung anderweitig Fakten geschaffen haben, weil diese aus der Abhängigkeit einer lebenslangen Beziehung herausfanden. Das kann für die Ehepartner sehr belastend sein.

Unser Auftrag ist es natürlich, ein Auge darauf zu haben, dass Sexualität auch den Beteiligten gut tut. Wenn wir zum Beispiel wahrnehmen, dass jemand sehr verstört darauf reagiert oder es andere Anzeichen gibt, dass diese sexuelle Beziehung nicht gut tut, müssen wir auch vor Übergriffigkeit schützen. Richtig stolz war ich auf mein Team, als ich erfahren habe, dass sie einer Dame einen Vibrator bestellt haben. Das fand ich sehr gut. Und so sehe ich auch unseren Beruf. Dazu braucht es menschliche Eignung, Fachwissen und auch das Setzen von Grenzen.

Was sind die besonderen Herausforderungen im Nachtdienst und was wären dringende und notwendige Änderungen?

Zunächst ist es so, dass wir im Nachtdienst zu einer Zeit arbeiten, in der andere schlafen. Der menschliche Biorhythmus steht dem entgegen. Ich kann mich erinnern, dass ich in jungen Jahren schon verwundert war, dass meine Gesichtsnerven nach dem Nachtdienst zuckten. Eine erfahrene Nachtwache sagte mir damals, das sei normal.

Wir sollten im Nachtdienst zu einer anderen Bewertung der Arbeitszeit kommen. Das ist nicht nur eine finanzielle Frage. Vielleicht müsste man die Arbeitszeit im Dauernachtdienst auf 30 Stunden in der Woche reduzieren. Wir müssen hellwach sein, wenn es zu kritischen Situationen kommt. Ich persönlich habe auch den Wechsel in den Schichten schlechter ertragen als reine Nachtdienstintervalle mit langen Freiphasen dazwischen. Es gibt aber zahlreiche Untersuchungen, die von Dauernachtdiensten abraten.

Grundsätzlich braucht es eine bessere Personalausstattung. Vielleicht auch mit längeren Ruhepausen in der Nacht. Es wäre zum Beispiel möglich, einen Teil der Nachtarbeit in einer schlafenden Bereitschaft zu verbringen. Vier Stunden Schlaf zur Nachtzeit sind besser als kein Schlaf in der Nacht. Es gibt ja im Nachtdienst Momente, bei denen die Augen beim Gehen schon zufallen wollen.

Und wie sollten Angehörige am besten nachts eingebunden werden? Und was wäre anders am Tag?

Als Praktiker halte ich das für einen Wunschtraum. Natürlich kann es nachts Situationen geben, bei denen es gut wäre, wenn ein Angehöriger neben dem Bett sitzen würde. Anderseits haben diese meist schon einen längeren Leidensweg hinter sich und sind meist total erschöpft, bis sie sich dazu durchringen, den Menschen mit Pflegebedarf in die Hände anderer zu geben. Es gibt vielleicht gerade in der Sterbephase Zeiten, bei denen es auch den Angehörigen wichtig ist, dabei zu sein. Hier muss die Pflegefachkraft im Übrigen sehr genau schauen, ob das nicht eher zur Belastung für den Sterbenden wird.

Das „Konzept des entlastenden Besuches" halte ich für die beste Möglichkeit. Solange es Besucher*innen und Besuchten gut tut, ist es in Ordnung und die Uhrzeit egal. Wird es zur Belastung für die eine oder andere Seite, ist der negative Effekt viel schlimmer als der Nutzen.

Das wird auch oft in der öffentlichen Darstellung vergessen. Da wird immer so getan, als wären Angehörige eine Ressource, die die Pflegeeinrichtung nutzen soll, um noch effizienter zu pflegen. Als Möglichkeit zum Geldsparen.

Dabei ist das Gegenteil der Fall. Wir müssen einen erheblichen Anteil der Angehörigen selbst begleiten, weil diese unter der Pflegebedürftigkeit leiden, einen falschen Begriff von „Fürsorge" haben oder am Ende ihrer Kräfte aus der vorausgegangenen Pflegesituation kommen. Das ist in keinem Personalschlüssel berücksichtigt.

Es ist meines Erachtens auch nicht unbedingt sinnvoll, jede Pflegemaßnahme mit den Angehörigen zu besprechen. Erstens sagen die meisten ohnehin, „macht, was ihr für richtig haltet". Ein anderer Teil versteht den Sinn oft gar nicht. Kein anderer Beruf muss sich ständig so vor Berufsfremden erklären. Es macht auch Pflegefachpersonen mürbe, wenn sie ständig in eine Rechtfertigungsposition gesetzt werden. Dahinter liegt auch der falsche Gedanke, die Angehörigen hätten immer nur das Beste im Sinn. Ich kann Ihnen mit 30 Jahren Berufserfahrung sagen, das ist bestimmt oft so, aber bei Weitem nicht immer. Und hier müssen wir sehr genau aufpassen.

Das deutsche Pflegesystem verlangt den Angehörigen ohnehin viel ab. Die Pflege durch die Familie wird überhöht, das Eingreifen professioneller Pflege als überteuert und unnötig verpönt.

Dabei ist die Wirksamkeit von professioneller Pflege mit vernünftigen Personalausstattungen längst belegt. Wir machen hier den gleichen Fehler wie bei der Kinderbetreuung. Familie muss und kann in einer modernen Gesellschaft nicht alles, und es muss ohne schlechtes Gewissen möglich sein, den Toilettengang und die Begleitung der Eltern in fremde Hände zu geben. Ich kann mich trotzdem kümmern und nahe sein. Diese fremden Hände müssen für diese ausgelagerte Tätigkeit ausreichend honoriert werden. Gerade zu Hause schafft man sich ja gerne mit Osteuropäerinnen ein so genanntes neues Familienmitglied an, an das man die eigenen Aufgaben delegieren kann. Das ist unredlich. Wenn ich eine Tätigkeit abgebe, die ich selbst nicht durchführen will oder kann sollte mir das mehr wert sein als 1.500 Euro für eine 24h-Versorgung.

Pflegeberufe gelten als unattraktiv: Was steht für Sie im Mittelpunkt der Tätigkeit und was motiviert Sie, diese Arbeit zu machen und bekannter zu machen?

Ich wehre mich dagegen, den Beruf als unattraktiv zu bezeichnen. Der Beruf ist sehr attraktiv. Ich habe einen sehr nahen Kontakt zu Menschen. Lerne jeden Tag dazu. Bin inzwischen auch ein Experte in Krisensituationen geworden. Weil meine berufliche Erfahrung mich jeden Tag Neues lehrt.

Der Beruf bietet ein breites Betätigungsfeld. Von Psychiatrie bis Hospiz, von häuslicher Pflege bis Intensivstation, von Säuglingspflege bis Altenpflege. Auch für mich persönlich ändert der Beruf einiges. Zum Beispiel den Umgang mit Sterben und Tod. Er bietet auch große Chancen.

Ich habe mit einer Grundausbildung als Krankenpfleger heute 150 Angestellte. Das ist alles nicht erst seit der jüngsten Ausbildungsreform so. Die Durchlässigkeit zwischen den einzelnen Fachbereichen und die Karrieremöglichkeiten waren schon immer da. Das Problem liegt im Umgang der Politik mit diesem Beruf. Dieser Umgang ist durchzogen mit Geringschätzung in allen Bereichen.

Als jüngstes Beispiel möchte ich die Covid-19-Pandemie nennen.

Es ist verletzend, wenn so getan wird, als würden Intensivbetten die Patienten pflegen. Sie machen nichts dergleichen, wie man jetzt merkte. Es ist auch verletzend, wenn man sieht, wieviel Geld für andere Bereiche in der Pandemie locker gemacht wurde und gleichzeitig jedes Teststäbchen in Pflegeeinrichtungen nachgewiesen werden muss. Es ist verletzend zu sehen, was ein Arzt für eine Testung abrechnet, und dass der gleiche Test in den Händen einer Pflegefachperson nur ein Viertel wert ist. Es ist verletzend, wie die Politik seit Jahrzehnten ignoriert, dass Pflegekräfte dringend eine bessere Entlohnung brauchen. Es ist unwürdig anzuschauen, wie man seit Jahren neue Stellen schafft, die aufgrund der schlechten Bezahlung nicht besetzt werden können und man uns so dem Teufelskreis überlässt. Es ist unmenschlich, dass die Politik in unserem Bereich als einzigem Arbeitsbereich zulässt, dass Menschen in einer Art Dauerbereitschaft im Privathaushalt eingesetzt werden können, bestehende Schutzrechte für Arbeitnehmer ausgerechnet im Bereich der Pflege- und Betreuungsarbeit (dieser Vorgang ist einzigartig) nicht geahndet werden, und das in großem Stil. Anstatt hier ganz klar Stellung zu beziehen und zu handeln, weicht man eher Gesetze auf (natürlich nur für diesen Sektor).

Es ist frustrierend zu sehen, wie man einen Expertenrat schafft, aber ausgerechnet die am stärksten betroffene Berufsgruppe dort keinen Sitz hat. Es ist verletzend, wenn mir Verwaltungsfachangestellte Vorschriften machen, gegen die ich verstoßen muss, um die mir anvertrauten Menschen vor einer Infektion zu schützen. Mit welcher Chuzpe davon ausgegangen wird, man komme nur gut durch die Pandemie, weil man Glück hatte. Mit pflegerischem Sachverstand und Wissen um Infektionskrankheiten hat das natürlich nichts zu tun.

Dass der Pflegeberuf im internationalen Vergleich in Deutschland schlecht ausgebildet und honoriert wird, ist ein weiteres Thema. Es gibt genug zu tun. Aber immer, wenn es zum Schwur kommt, nämlich den Zusammenhang zwischen offenen Stellen und zu geringer Entlohnung und daraus resultierend mangelnder Entlastung für die Mitarbeiter*innen anzuerkennen, kneift die Politik und versucht, Gesetze einzuziehen, um so die Pflegekräfte vor Überarbeitung zu schützen.

Das ist wichtig, allerdings ein seit Jahrzehnten beschrittener Weg, der offensichtlich nicht zum Erfolg führt. Die massive Erhöhung der Gehälter wird immer unterlassen.

Wir können das pflegerische Leistungsangebot in einer alternden Gesellschaft nicht nach unten fahren, wenn Personalschlüssel nicht eingehalten werden können.

Das bedeutet im Extremfall, dass ein Mensch stirbt, weil ihm Pflege vorenthalten wurde. Der einzige humane Weg muss sein, den Beruf finanziell so attraktiv auszustatten, dass es genügend Bewerber*innen gibt, um für Entlastung zu sorgen. Eine andere Möglichkeit haben wir aktuell nicht.

Die Fragen stellte Nikola Richter.

Inhaltsverzeichnis

© mikrotext 2022, Berlin

www.mikrotext.de
facebook.com/mikrotext
twitter/mkrtxt
instagram.com/mikrotext

2. Auflage 2022

Cover: Inga Israel
Coverfoto: Aron Visuals, unsplash
Gestaltung: Sarah Käsmayr
Satz im Verlag
Schriften: Zenon, Minion
Druck und Bindung: CPI Books, Leck

Printed in Germany

ISBN 978-3-948631-20-8